시간 제어

뇌 과학과 시간 감각

옮긴이 · 강민경

대학에서 독어독문학을 전공하고 졸업 후 독일계 회사를 다녔다. 독일 어학연수 후 현재는 전문 번역가로 활동 중이다. 옮긴 책으로《젊은 베르테르의 슬픔》,《수레바퀴 아래서》,《꿀벌 마야의 모험》,《피터 틸》,《궁극의 차이를 만드는 사람들》,《이해의 공부법》,《하얀 토끼를 따라가라》 등이 있다.

시간 제어

2022년 11월 22일 초판 1쇄 펴냄
2022년 11월 24일 초판 2쇄 펴냄

지은이 · 마르크 비트만
옮긴이 · 강민경
펴낸곳 · 도서출판 일므디
편집 · 강서윤, 정주화
디자인 · 정호진
마케팅 · 황희진, 임찬양
전자우편 · llmeditbook@gmail.com

ISBN 979-11-977068-6-8 03180
값 17,000원

이 책은 (주)한국저작권센터(KCC)를 통한 저작권자와의 독점 계약으로 '도서출판 일므디'에서 출간되었습니다.
저작권법에 의해 한국 내에서 보호를 받는 저작물이므로 무단 전재와 복제를 금합니다.

시간 제어

뇌 과학과 시간 감각

마르크 비트만 지음 강민경 옮김

일므디

GEFÜHLTE ZEIT by Marc Wittmann
Copyright © Verlag C.H.Beck oHG, München 2016
All rights reserved.
This Korean edition was published by Il me dit, an imprint of Catholic Publishing House in 2022
by arrangement with VERLAG C.H.BECK through KCC(Korea Copyright Center Inc.), Seoul.

머리말

이 책은 시간 감각에 관한 책이다. 시간의 흐름을 느끼는 우리의 주관적인 감각과 기간에 대한 감각을 다룬다. 인간이 생각하기 시작한 이후로 시간이라는 현상은 수수께끼였다. 주관적인 시간이란 무엇인가? 시간 감각은 어떻게 생기는가? 이 책은 질문을 던지기만 하지 않는다. 오히려 우리의 시간 감각이 어떻게 성립되는지, 그것이 찰나의 순간 만들어지는 것인지 아니면 평생에 걸쳐 만들어지는 것인지를 알려 주는 책이다. 지금까지 과학적으로 주관적인 시간을 새롭게 구성하는 여러 발견을 했다. 우리가 어떻게 시간을 인식하게 되었는지 묻는 케케묵은 질문에 새로우면서도 설득력이 높은 답을 제시하는 심리학적, 신경과학적 지식도 축적되었다.

　이 책의 핵심 주제는 시간이다. 그중에서도 가장 근본적이고 우리 삶에 밀접한 시간의 경과다. 시간의 연결망 속에서 어떤 사건들은 갑자기 완전히 다르게 보이기도 한다. 어떤 사건이나 현상이 갑자기 다르게 보일 때 가장 근본이 되는 것은 우리의 감각, 기억, 인생의 행복, 언어, 학업 및 직업적 성공, 고유한 자아, 의식, 스트레스, 정신적 질병, 자기 자신과 자신의 몸에 대한 관심이다. 우리는 예를 들어 다음과 같은 것들에 주목해야 한다.

- 어떤 순간에 즉각적으로 만족하는 것과 만족 지연[*] 이 두 가지 선택이 성공에 얼마나 영향을 미치는가?
- 연구진은 더 빠른 사람과 더 느린 사람을 구분하는 뇌 안의 고유한 생체 시계가 있는지 연구하고 있다.
- 우리는 도대체 무엇을 위해 시간을 필요로 하는가? 우리가 인지하는 시간은 어떤 상황이 너무 오래 지속되거나 너무 짧은 것 같다는 오류 신호인 경우가 많다.
- 우리가 주의를 기울여서 감각된 삶의 빠르기를 늦춘다면 더 오래 살 수 있을까?
- 시간 감각과 신체 감각은 서로 어떤 연관성이 있는가?

성공한 삶을 살려면 과거, 현재, 미래를 대하는 우리의 태도가 매우 중요하다. 어쩌면 이렇게 말할 수도 있겠다.

> "우리는 과거를 있는 그대로 받아들여야 한다."

---

[*] Delay of gratification, 더 큰 보상을 받기 위해 즉각적인 즐거움이나 욕구를 자발적으로 참는 것을 뜻한다.

이미 일어난 일을 바꾸지는 못하지만 우리는 경험을 통해 현재와 미래를 바라보는 태도를 배울 수 있다. 개인의 불행이 대부분 과거에 만족하지 못하는 태도에서 비롯되는 것은 우연이 아니다. 우리는 과거를 놓지 못한다. 한편으로는 미래에 대한 수많은 걱정을 끌어안고 앞으로 일어날 일을 줄곧 부풀려 상상한다. 그러나 우리는 항상 현재에 살며 현재를 경험한다. 그렇기 때문에 현재성을 기르는 것이 중요하다. 과거의 일과 미래의 일은 늘 내가 살아 있는 현재, 즉 나 자신과 관련이 있다.

그러므로 우리의 총체적 경험이자 우리의 삶과 떼려야 뗄 수 없는 시간을 자세히 들여다보아야 한다.

우리는 시간 그 자체다.

이 말이 무슨 뜻인지를 같이 살펴보자.

차례

머리말 5

1. 기다림의 미학 11

시간은 금인가?
시간의 경계
감각된 시간
시간 문화
근시안적인 태도

2. 뇌에는 박자가 있다 37

뇌가 인지하는 현재
뇌의 시간
슬로 모션

3. 3초, 현재를 느끼는 시간 57

연습이 장인을 만든다
헤이 주드, 3초의 마법
3초가 넘는 시간을 기억하려면
인생 최고의 순간
호흡한다는 것의 경이로움

4. 왜 시간이 필요할까? 81

시간의 흐름을 느끼는 법
생체 시계란 무엇인가?
의식의 유동적인 시간대

24시간 주기의 신체 리듬
아침형 인간과 저녁형 인간

5. 나이가 들수록 시간이 빨리 가는 이유 109

경험이 많은 삶이 더 길다
마지막이 가까워지면
죽음, 전문가 · 거부자 · 연구자
오래 사는 법
오래 사는 진정한 열쇠, 카르페 디엠

6. 자아와 시간 131

포괄적인 정서적 순간
심신 문제를 해결하는 법
지루함, 괴로운 시간과 나
시간 제어

7. 시간 감각이 만들어지는 법 157

신체 감각과 시간 감각은 어떻게 연결되는가?
신체 리듬, 감각, 시간 감각
몸과 예술

감사의 말 176

역자 후기 179

주 182

일러두기
본문에 있는 각주는 옮긴이가 독자의 이해를 돕기 위해 붙인 것입니다.

1

기다림의
미학

·········· 어린아이들은 기다리기를 지루해한다. 소원이 당장 충족되기를 바란다. 하지만 장기적으로 보면 기다리는 시간과 관련이 있는 만족 지연이 더욱 유용하다. 유명한 마시멜로 테스트에서 우리는 기다리는 시간을 바라보는 태도가 학업에 영향을 미치고 사회적 성공을 결정한다는 것을 명확히 알 수 있다. 그렇다고 현재에 집중하는 태도가 나쁘다는 의미는 아니다. 다만 일정 계획표를 작성하고 미래 지향적인 관점에 사로잡힌 사람들은 지금 당장 체험 가능한 순간과 그로 인해 감각할 수 있는 삶의 시간을 잃어버린다는 것이다.

어떤 과학 연구 결과가 특보로 신문에 실린다는 건 매우 중요하다는 증거다. 2011년 9월 10, 11일자 〈쥐트도이체 차이퉁〉에 다음과 같은 소식이 실렸다.

> "까마귀와 큰까마귀는 조금 기다렸을 때 더 풍성한 먹이를 얻을 수 있다는 사실을 알면 눈앞의 작은 먹이를 먹고 싶다는 충동을 참을 수 있다."

지능이 매우 높다고 알려진 이 새들은 5분 정도를 기다리면 한눈에 보기에도 더 많은 양의 먹이를 얻을 수 있다는 사실을 알게 되었을 때 당장 눈앞에 놓인 먹이를 거부했다고 한다.[1]

사람은 가정 교육을 받기 때문에 배가 고프다고 음식에 냉큼 달려들지 않는다. 우리는 가족 구성원들이 모두 식탁에 모일 때까지 기다리며, 냉장고를 단번에 거덜 내지 않는다. 또 기다릴 줄 아는 까마귀와 마찬가지로 음식이 맛있게 만들어지는 시간을 기다릴 수 있다. 한 시간이나 그 이상까지도 말이다. 일반적으로 지금 당장 가치가 낮은 보상을 취할지, 아니면 조금 기다렸다가 더 가치가 높은 보상을 취할지는 대개 기다리는 시간에 따라 결정된다. 즉 타산이 맞아야 한다는 뜻이다.

사람은 시간의 경과를 예측할 수 있고 그 예측에 따른 대기 시간을 고려해 결정을 내릴 수 있다. 비둘기, 닭, 원숭이 같은 동물을 대상으로 실험한 결과, 동물들이 보상을 받으려고 기다릴 수 있는 시간은 고작 몇 초였다. 동물들은 가치가 적더라도 먹이를 곧바로 먹기를 원했다. 오로지 침팬지와 같은 유인원들만이 몇 분만 참고 기다리면 더 많은 먹이를 얻을 수 있다는 사실을 깨우쳤다. 물론 까마귀와 큰까마귀도 마찬가지다.

원초적 욕구인 음식물을 섭취하는 것 이외에도 우리는 삶의 다양한 상황에서 만족 지연을 배운다. 노동자는 매달 급여의 일부분을 연금 공단에 지불해 지금 당장 쓸 돈을 포기한다. 그러면 법적으로 보장된 바에 따라 수십 년 후에 연금을 받을 수 있다. 게다가 수많은 문화적 성취가 바로 이 만족 지연 원칙을 기반으로 이루어졌다. 몇 달 혹은 몇 년 동안 각 개개인이 열심히 일한 결과가 사회의 문화적 성취를 일궈 내기 때문이다.

작가는 책 한 권을 쓰려고 셀 수 없이 많은 밤과 주말을 반납해야 하고, 친구들과 함께, 혹은 TV를 보며 쾌적하고 즐거운 저녁 시간을 보내고 싶다는 욕망을 억눌러야 한다. 지금 당장 편한 시간을 보낼 것이냐 아니면 나중에 더 큰 이익을 얻기 위해 일할 것이냐 하는 선택의 기로에 선 사람들의 예시는 일일이 열거할 수 없을 정도로 많다. 만족 지연 결정은 사회의 진보와 집단에 속한 개인의 성공에 매우 중요하다. 그러니 부모들이 자녀에게 이를 교육하려고 골머리를 앓는 것도 당연하다.

"우선 숙제부터 해야 밖에 나가 놀 수 있어."

그런데 어린이뿐만 아니라 자율적인 어른도 시간의 선택과 싸운다. 장기적으로 몸을 관리하려면 꾸준한 운동이 필요하니 근력 운동을 할 것인가? 아니면 지금 당장 근처를 조깅할 것인가? 아니면 신문과 와인 한 잔을 손에 들고 소파에 앉아 안락한 시간을 보낼 것인가?

시간을 고려해 결정을 내릴 수 있는 능력이 성공적인 삶과 어떤 연관이 있는지는 이미 미국의 심리학자인 월터 미셸Walter Mischel이 실험으로 보여 준 바 있다.[2] 4세부터 5세 사이의 어린이 500명 이상이 실험 대상이었는데, 연구진은 약 15년 후 10대 후반 혹은 성인이 된 그들에게 다시 실험을 진행했다.

첫 실험은 '마시멜로 테스트'였다. 방에 있는 어린아이들에게 마시멜로를 주고, 실험 진행자가 다음과 같이 안내했다.

"원한다면 지금 당장 마시멜로를 먹어도 좋아. 이건 네 거야. 근데 내가 돌아올 때까지 이걸 먹지 않고 기다리면, 하나 더 줄게."

그런 다음 실험 진행자는 방을 나갔다가 10분 후에 돌아왔다. 실험 진행자들은 방 밖에 있는 동안 아이들을 관찰하거나 그들의 모습을 카메라로 찍었다.

아이들이 보인 반응은 저마다 달랐다. 어떤 아이들은 눈앞에 놓인 간식을 곧바로 집어 먹었고, 어떤 아이들은 잠깐 기다리는 듯싶더니 마시멜로를 아주 조금씩 갉아 먹기 시작해 그것이 전부 사라질 때까지 행동을 멈추지 못했다. 어떤 아이들은 10분을 기다리는 데 성공했다. 병원에서 진료를 기다리는 시간 동안 읽을 수 있도록 구비해 둔 잡지처럼 주의를 돌릴 만한 것도 없는 방 안에서 기다리는 10분은 어른에게도 긴 시간일 것이다. 이렇게 오래 기다리는 데 성공한 아이들은 노래를 부르거나 양손으로 눈을 가리거나 자신의 생각을 크게 소리 내어 말했다. 나름대로 주의를 돌릴 전략을 사용한 셈이다.

그로부터 15년이 지났다. 이때는 첫 번째 실험에 참가했던 아이들 중 100명만이 후속 실험에 참가할 수 있었다. 연구진은 표준화된 대학 입학시험 성적과 부모의 평가는 물론이고 사회적 능력과 학교 성적을 근거로 참가자들의 학업 능력을 조사했다. 그 결과 약간의 연관성이 발견되었다. 4세에서 5세 정도의 아이들 중에서 마시멜로를 하나 더 먹으려고 오래 기다린 아이들이 15년 후 대학 입학시험에서 더 높은 점수를 받았다. 학교 성적도 뛰어났으며, 부모에게 친구들과 원만하게 잘 지내며 좌절을 빨리 극복한다는 평가를 더 많이 받았다. '학업 능력'과 '사회성'이라는 두 가지 항목이 사회에서 성공하느냐 실패하느냐를 판가름하는 데 매우 중요하게 작용한다는 건 명백한 사실이다.[3] 이 실험에서 주목할 만한 발견은 두 차례의 측정 과정 사이에 15년이라는 시간이 있었으며, 어린이가 성인이 되기까지의 기간 동안 수많은 다른 영향이 있었으리라는 점이다. 즉 15년이나 되는 시간 간격이 있었음에도 마시멜로 테스트의 결과가 해당 어린이의 학업 성과 및 인생의 성공을 어느 정도 예견했음을 알 수 있다.

한 가지 강조할 내용이 있다. 우선 이 실험 결과의 원본 데이터가 일목요연할 정도로 명백한 연관성을 제시하지는 않는다는 점이다. 그 말은, 아이들이 나이가 들었을 때의 학업 성적이나 사회성을 결정하는 다른 여러 요소가 존재한다는 뜻이다. 그럼에도 두 번째 마시멜로를 받을 때까지 기다린 행동과 어린이, 청소년 시기를 지나면서 삶의 과제를 보다 성공적으로 마칠 수 있었던 일 사이에는 연관성이 있었다. 그렇다면 우리는 조심스럽지만 이렇게 결론지을 수 있다. 특정한 시간 동안에 노력을 기울일 수 있는 능력은 장기적으로 보상받는다. 기다릴 수 있었던 아이들은 숙제를 제시간에 끝마치고, 좌절에서 벗어나고, 부모님이나 선생님이 부과한 사회적인 규칙을 지키기가 더 쉬웠을 것이다. '욕구좌절 인내성Frustration tolerance'이라는 말이 있다. 이는 살면서 마주하는 불편한 상황을 더 잘 극복할 수 있는 힘이다. 이것은 감정 지능의 하나라고 볼 수 있다.[4] 즉 나중에 더 큰 이익을 얻으려고 지금 온 힘을 다해 노력해야 한다는 점을 이해하는 사람은 감정을 능숙하게 다룰 수 있다. 우리는 이것을 지혜라고도 부른다.

어린이들에게 영향을 미친 다른 주요 요소가 서로 크게 다르지 않았다는 점도 눈에 띈다. 첫 번째 실험 당시 어린이들의 사회 문화적 배경과 지능 측정 결과는 비슷했다. 아이들은 대부분 미국 스탠퍼드 대학교 출신의 고학력자 부모를 두었다. 이것은 한편으로 성공하는 데 꼭 필요한 요소로서 지능 이외에도 그것과는 완전히 다른 것, 이를 테면 욕구좌절 인내성이 필요하다는 뜻이다.

시간은 금인가?

이 실험 결과를 보고 우리는 마시멜로 테스트에서 더 오래 기다린 아이들은 시간 지평*이 넓다고 말할 수 있다. 반대로 이렇게 말할 수도 있다. 이 실험에서 오래 기다리지 못한 아이들은 훨씬 더 현재 지향적이다. 사람들이 나중에 더 큰 보상을 얻을 가능성이 있음에도 현재 더 작은 보상을 선택하는 현상을 나타내는 표현이 있다. 바로 '시간적 근시안Temporal myopia'이다. 시간적 근시안인 사람에게 중요한 것은 오직 겉으로 보이는 특정한 시간 지평에 포함된 것뿐이다. 이런 사람은 시간적으로 멀리 떨어져 있는 나머지 다른 모든 것들, 그러니까 현재라는 시간 지평의 외부에 존재하는 것들은 고려하지 않는다.

돈과 시간이 상호적이라는 생각은 이미 만연하다. "시간은 돈이다."라는 말도 있지 않은가. 한 연구진이 성인을 대상으로 시간을 고려한 의사 결정과 시간적 근시안이 대체로 금전적 가치와 연관이 있다는 가설을 입증하는 실험을 진행했다. 연구진은 실험 참가자들에게 이렇게 물었다.

"지금 당장 1유로를 받으시겠어요? 아니면 1주일 기다렸다가 50유로를 받으시겠어요?"

50유로라는 돈의 가치가 훨씬 크니 대부분의 사람들은 1주일을 기

---

* Time horizon, 미리 내다볼 수 있는 시간의 한계를 뜻한다.

다려야 했음에도 합리적인 계산에 따라 더 큰 돈을 선택했다. 그런데 연구진이 참가자들에게 지금 당장 45유로를 받을지, 아니면 1주일 후에 50유로를 받을지 묻자, 대부분의 사람들이 금액은 조금 적지만 지금 당장 받을 수 있는 돈을 골랐다. 두 선택지의 금액 차이가 그리 크지 않을 때는 굳이 기다릴 이유가 없는 것이다. 1주일 후에 받을 수 있는 더 큰 돈의 금액을 50유로로 고정하고, 곧바로 받을 수 있는 돈의 액수를 단계적으로 달리해서 실험하면 사람들이 곧바로 적은 금액을 선택할 최소한의 액수가 어느 정도인지 알 수 있다. 어떤 사람은 적은 금액이 20유로일 때 미래에 받을 보상보다는 곧바로 손에 넣을 수 있는 20유로가 낫다고 답할 것이다. 20유로 미만인 금액은 곧바로 받기에도 너무 적으므로 더 큰 금액을 받으려고 기다릴 가능성이 높다. 기다리고 나면 더 큰 돈을 받으리라고 확신할 만큼 실험 진행자의 신뢰도가 높다고 하더라도, 실험 참가자들에게 1주일은 조금 불확실한 기간이다. 그래서 지금 당장 손에 넣을 수 있다면 20유로 이상의 돈은 더 적을지라도 불확실한 50유로보다 가치 있는 것이다. 말하자면 기다림이 예정된 50유로의 가치는 20유로로 떨어진다는 것이다. 이것을 '시점 할인'*이라고 한다.

  이런 맥락에서 시간과 돈은 서로 대체 가능하다. 50유로를 받을 때까지 걸리는 기간을 1주일에서 2주일로 연장하면, 실험 참가자들 중

---

* Temporal discounting, 미래에 어떤 보상을 받을 시점이 현재에서 더 멀수록 그 보상의 가치가 떨어지는 현상이다.

기다리겠다는 사람은 더 줄어든다. 달리 말하자면 기다리는 시간이 길어질 경우, 곧바로 받을 수 있는 금액으로 더 적은 돈이 제시되더라도 사람들이 50유로보다는 그 금액을 선택할 가능성이 높다는 뜻이다. 이제 사람들은 15유로도 좋다고 말할지 모른다. 반대로 기다려야 할 시간이 짧아지면 기다리겠다고 말하는 사람이 늘어난다. 이틀을 기다리면 50유로를 받을 수 있는 경우, 사람들은 곧바로 받을 금액이 최소 35유로는 되어야 그 돈을 선택할 것이다.

1유로를 받을 것인가, 1주일 기다렸다가 50유로를 받을 것인가

더 큰 금액을 받기 위해 기다려야 하는 기간을 하루에서 30일까지 단계적으로 늘려 볼 수 있다. 매번 예상 대기 시간을 제시할 때는 실험 참가자들이 곧바로 받는 돈보다 기다렸다가 받는 돈을 선택할 정도의 금액을 함께 제시한다.

이 금액의 변화는 더 큰 돈의 가치가 기다리는 시간에 따라 평가절하된다는 것을 의미한다. 매번 대기하는 시간과 등가 가치를 지닌 금액을 기록해 보면, 수학적인 함수표를 얻을 수 있다. 기다리는 시간이 길어질수록, 등가 가치를 지닌 금액 또한 줄어들었다. 아무리 액수가 크더라도 기다리는 시간이 길어지면 그 돈의 가치가 줄어드는 셈이다. 여러 번 실험을 거치고 나자 대기 시간의 증가와 등가 가치 금액의 감소 사이에 전형적인 '기하 쌍곡선' 형태의 함수가

그려졌다.[5]

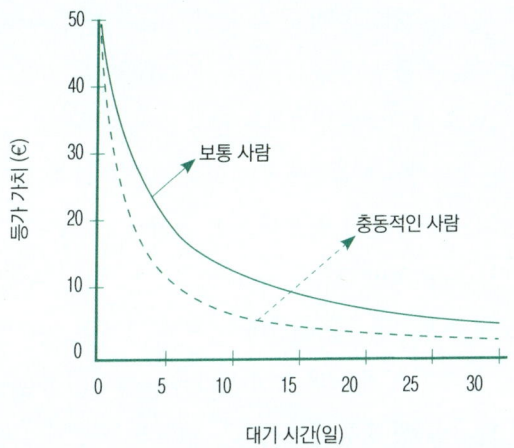

대기 시간 이후에 돈이 지불될 경우, 그 금전의 가치(등가 가치)가 줄어든다는 점을 보여 주는 곡선. 대기 시간이 길어질수록 주관적인 금전의 가치가 줄어든다. 충동적인 사람들은 모든 대기 시간에서 늘 주관적인 금전의 가치가 낮았다.

이 그림에서 알 수 있듯이, 기다리는 시간이 늘어나면 등가 가치를 지닌 금액이 줄어든다. 그런데 그 감소는 균일하지 않고 기하 쌍곡선 형태였다. 즉 비교적 짧은 대기 시간(예를 들어 4일과 6일) 사이에서는 등가 가치를 지닌 금액이 대폭 줄어든 데 반해 비교적 긴 대기 시간(예를 들어 18일과 20일) 사이에서는 차이가 그리 크지 않았다. 이것이 바로 시간적 근시안이다. 현재와 가까우면서 차이가 있는 기간은 현재와 멀면서 차이가 있는 기간보다 그 차이가 훨씬 크게 느껴진다.

금전적 이익과 손실 사이에서 발생하는 태도의 합리성을 연구하고자 이러한 실험이 경제학 분야에서 실시되었다. 그뿐만 아니라 심리학 분야에서도 이 실험을 이용할 수 있다. 이는 성인들의 태도가 뚜렷하게 다르다는 점을 보여 준다. 충동적인 사람들은 얼마만큼의 대기 시간과 금액을 제시받든 기다리지 않고 곧바로 받을 수 있는 금액을 선택한다. 충동적인 사람들에게는 일정 기간 기다려야 한다는 조건 때문에 50유로의 가치가 훨씬 더 적은 셈이다. 그들은 똑같이 제시된 대기 시간도 주관적인 감각에 따라 더 길게 느끼기 때문에 적은 금액이라도 곧바로 보상받기를 원한다. 이렇듯 긴 시간 기다린 결과가 더 나음에도 눈앞의 이익을 더 높이 평가하는 태도는 충동성이 있다고 할 수 있다. 이러한 충동성의 특성은 주의력 결핍 과잉 행동 장애 (Attention deficit hyperactivity disorder, ADHD)를 앓는 어린이나 성인에게서 자주 관찰된다. ADHD인 사람들 및 충동성이 강한 사람들은 기다려서 얻는 보상의 가치를 매우 낮게 평가하며 오로지 기다릴 수 없다는 이유만으로 더 적은 보상을 즉시 받길 원한다. 충동적인 사람은 그렇지 않은 사람에 비해 훨씬 더 시간적 근시안적이며 매우 현재 지향적이다.

시간의 경계

어느 정도의 현재 지향성이나 시간적 근시안은 모든 사람에게서 발견된다. 사람은 누구나 먼 미래에 일어날 사건을 현재 눈앞에서 일어나는 사건과는 다르게 평가한다. 한 달 후에 열릴 축제에 초대받았을 때, 즉시 받아들일지 아니면 축제 다음 날에 있을 시험을 고려해 거절할지 선택지가 제시되면 대부분의 사람들은 스스로를 제어해 거절을 선택한다. 그런데 한 달이 지나 축제가 당장 오늘 밤에 시작된다면 대개는 선호도가 바뀐다. 코앞으로 다가온 축제가 대단히 매력적이기 때문이다. 예측된 결과가 현재라는 주관적인 시간 지평 내로 들어온다면, 그 가치가 바뀌는 것이다. 현재라는 시간 지평은 욕구가 무엇인지에 따라 그 길이가 다르다.[6] 절박한 굶주림이나 갈증이 있는 상태라면 시간 지평이 분 혹은 시간 단위일 테고, 축제에 참석할지 여부를 골라야 하는 상황이라면 일 단위일 테다.

오늘이라는 기간은 어느 정도의 시간 간격일까? 이는 자연적인 수면-각성 리듬에 따라 가늠할 수 있다. '오늘'은 두 번의 수면 주기 사이에 있는, 자연스러운 시간의 경계 사이에 놓인 기간이다. 그렇기 때문에 오늘 발생할 것으로 보이는 모든 일들이 시간적으로 훨씬 가깝게 느껴진다.

내일로 예정된 약속을 시간적으로 명확하게 멀리 떨어져 있는 듯 보이도록 하는 원인은 오늘과 내일 사이의 시간 간격만이 아니다. 심리적으로도 내일은 완전히 새로운 하루다. 생물체는 수면-각성을 전환하는 '일주기 리듬Circadian rhythm'[*]에 따라 움직인다. 그 외에도 생물체의 수많은 신체 기능이 빛과 동기화하여 24시간 주기로 움직인다. 이 주기에 따라 우리는 달력에 적힌 다음 날을 생리학적으로도 새로

---

[*] 하루를 주기로 변동하는 리듬

운 날로 인식한다. 이는 다음 날부터 우리가 시간 변동의 다음 주기로 접어들기 때문이다.

자연과 그를 통해 인간에게도 영향을 미치는 '연주성 리듬Annual rhythm'*도 있다.[7] 이 리듬은 1년 동안 일조량 변화 및 기온 변화에 영향을 받으며 인간의 감정과 행동에도 영향을 미친다. 전깃불이 도입되고 난방이 사용되면서 외부 온도에 그다지 영향을 받지 않게 된 선진국 사람들은 계절의 변동에 따른 임신 및 출생률 변화에서 자유로워졌다. 그러나 우리는 여전히 가을이나 겨울처럼 일조량이 가장 적어지는 시기에 계절성 우울증이나 겨울 우울증에 시달린다. 정해진 대로 순환하며 흐르는 1년이라는 시간과 그 시간이 자연에 미치는 영향(잎사귀나 열매의 성장)은 물론 그에 동반한 동물의 적응 행동(겨울잠)은 인간의 사냥 활동이나 농업에도 깊이 새겨져 있다.

오늘날까지도 우리는 사회적, 정치적, 경제적 계획을 1년 단위로 쪼개어 세운다. 학년이나 과세 연도, 연방 정부의 회계 연도 등을 보면 알 수 있다. 낮과 밤을 바꾸거나 1년에 걸쳐 계절을 변화시키는 천문학적인 경계 조건은 지구에서 발생하는 주기적인 생물학적 과정의 구조를 형성하는 한편 인간의 경험과 행동, 예를 들어 예측된 기간의 지각 등에 매우 강한 영향을 미친다.[8]

농부는 자신이 뿌린 씨앗의 결과물을 같은 해에 거두어들인다. 우리는 하루 혹은 1년이라는 기간 밖에 있는 사건을 그 기간 안에 있는

---

* 1년 주기의 생체 내 고유 리듬

사건과 다른 범주로 분류한다. 먼 훗날 얻을 수 있는 보상(기간 밖에 있는 사건)보다 가까운 시일 내에 얻을 수 있는 보상(기간 안에 있는 사건)을 선호할 가능성이 더 높다는 말이다. 기대하고 있는 보상을 얻을 시간을 선택해야 한다고 하자. 선택지는 두 가지다. 오늘 혹은 내일, 그리고 내일 혹은 모레다. 그런데 두 선택지 사이의 객관적 시간 간격은 똑같이 하루임에도, 주관적으로 가까운 날짜에 받을 보상을 선호하는 경향이 먼 날짜에 받을 보상을 선택할 가능성보다 훨씬 크다. 이것은 우리에게 생물학적, 그리고 문화적으로 새겨져 있으며, 우리는 이를 근거로 주어진 시간이 하루 혹은 1년이라는 시간 간격 내에 포함되는지 여부를 판단하는 데 익숙하다.

감각된 시간

특정한 시간 지평을 넘어 먼 미래에 일어날 사건은 추상적이고 가정적이다. 그 말은 우리가 그것을 감정적으로 고려하지 않는다는 뜻이다. 반면 우리는 가까운 시일 내에 일어날 사건을 지금 현재 겪는 구체적인 감정을 토대로 평가한다.[9] 우리가 가까운 시일 내에 경험할 사건은 신체적, 정서적으로 강한 반응을 불러일으킨다. 이 반응은 의사 결정에도 영향을 미친다. 이 주제에서 특히 중요한 것은 우리가 어떤 결정을 내릴 때 모든 선택지를 단기적이든 장기적이든 언제나 감정적인 관점에서 평가한다는 사실을 이해하는 일이다. 감정이라고는 전혀 없이 완벽하게 합리적인 계산에 따른 작업은 그렇게 프로그래밍된 컴퓨터만이 해낼 수 있다. 사람은 내일 시험을 잘 보고 보상을 얻고 싶다는 소망(또는 시험을 망친다는 불안)을 오늘 저녁 파티에 참석하고 싶다는 소망보다 감정적으로 훨씬 더 강력하게 느낄 수 있다. 그래서 두 가지 선택지에 대한 선호는 시간이 지나도 바뀌지 않을 수도 있다.

현재에 집중하는 것이 꼭 부정적이지만은 않다. 미국의 심리학자 필립 짐바르도Philip Zimbardo는 '시간 조망'*이라는 개념을 통해 현재 지향성이라는 개념을 탐구했다. 사람들이 과거, 현재, 미래를 바라보는 방식은 천차만별이다. 짐바르도와 그의 동료 연구진이 개발한 척도**를 사용하여 우리는 각 개인이 세 가지 시간과 어떻게 연관되는지를 알아볼 수 있다. 이 연구에서 밝혀진 바에 따르면 사람들이 지향하는 시간은 그들의 일상적인 행동에 영향을 미친다.[10]

지나치게 현재 지향적인 사람들은 대부분 위태롭고 아슬아슬한 삶을 산다. 그들은 마약을 하거나 속도위반으로 딱지를 떼이거나 피임 없는 섹스를 할 가능성이 높다. 마치 1960년대의 록 스타들이 말한 "빠르게 살고, 불같이 사랑하고, 어릴 때 죽어라Live fast, love hard, die young."라는 좌우명과 비슷하다. 이 좌우명에 나타난 삶의 감정은 분명 당시를 지배하던 미래 지향적 시각과 즉흥성 및 삶의 의욕이 현저히 결핍된 데에 대한 반응일 것이다. 현재 지향성과 충동성이라는 두 가지 개념과 관련 있는 '감각 추구 성향Sensation seeking'이 있다. 이것은 변화와 새로운 경험을 추구하는 성향이다. 현재 지향성은 삶의 질을 향상시

---

* Time perspective, 사람이 인생 전체라는 긴 시간을 보는 관점이다.
** Zimbardo Time Perspective Inventory, ZTPI라고 한다.

키는 데 꼭 필요한 시간 조망이다. 그러나 현재 지향성이 부정적인 평가를 받는 이유가 있다. 지나치게 현재 지향적인 사람은 그 순간의 사슬을 끊어 내고 미래 계획을 세울 힘이 없기 때문이다.

한편 최근에 진행한 연구에서는 몇몇 정신 질환 및 신경 질환 환자에게서 충동성이 증가하고 시간 감각이 변화한 것을 발견했다. 가능성이 있는 원인으로는 시간적 근시안과 현재 지향성의 강화가 꼽혔다. 대표적으로 ADHD인 어린이들을 살펴보면 그들은 몇 초 범위의 시간 간격을 잘 인지하지 못한다. 그렇기에 ADHD가 아닌 아이들에 비해 시간 간격을 어림잡거나 시간의 흐름을 파악하는 데 어려움을 겪는다.[11] 영국의 신경심리학자 카트야 루비아Katya Rubia는 충동성을 지각 능력과 운동 기능에 발생한 장애로 시간을 제대로 감각하거나 처리하지 못하게 된 것이라고 말했다. 이를 종합해 우리는 충동적인 사람들은 의학적인 장애가 없는 사람들에 비해 초나 분 단위의 시간 흐름을 더 길게 느낄 수 있다고도 정리할 수 있다.[12] 이 결과는 발달 상태 때문에 성인보다 더 충동적인 어린이 및 청소년들이 매일 입버릇처럼 기다리는 시간이 길다고 불평하는 이유를 잘 설명한다.[13] 어린이들이 "얼마나 더 남았어요?"라고 계속 묻는 이유는 그들이 아직 특정한 시간의 흐름을 어떻게 느껴야 하는지 배우지 못했기 때문이다. 어린이들은 시간이라는 개념을 올바르게 이해하지 못한 상태인 것이다.

스위스의 발달심리학자 장 피아제Jean Piaget가 마련한 이론에 따라 우리는 어린이들이 7세에서 8세는 되어야 논리적인 사고력이 충분히 발달해 올바르게 시간을 판단할 수 있음을 알 수 있다. 그러나 최근 연구에서는 특정한 조건과 상황에 더 쉽게 영향을 받더라도 올바르게 시간을 판단할 수 있다는 결과가 나왔다. 어린이들에게 똑같은 시간 동안 가벼운 조립식 블록 혹은 무거운 조립식 블록으로 과제를 수행하도록 했다. 그들은 무거운 블록을 사용했을 때 시간이 더 오래 걸린다고 느꼈다. 어린이는 어른에 비해 방해 요소의 영향을 받기 쉽다. 어린이들의 시간 감각이 다른 요소의 영향을 쉽게 받는다는 실험 결과는 그들의 집중력과 주의력이 아직 완전히 발달하지 않았다는 사실과도 연결된다.[14] 어린이들은 대부분 한 가지 과제에 계속해서 집중하지 못한다. 그러나 여덟 살부터는 시간을 가늠하는 능력이 발달하여 어른과 거의 비슷할 정도로 오래 집중할 수 있다.

한편 청소년들이 "얼마나 더 남았어요?"라고 묻는 이유는 단순히 그 시간이 너무 길게 이어지기 때문이다. 청소년들의 감각에 따르면 기다리는 시간은 다소 혹은 지나치게 비싼 비용이며, 그 결과에 따라 그들은 더 크지만 늦은 보상의 가치를 평가 절하한다.[15]

충동성과 자기 제어는 당연하게도 인간의 근본적인 본성과 관련이 있다. 그리스도교에는 대표적으로 원죄가 있다. 아담과 하와가 뱀의 유혹에 넘어가 금단의 열매를 먹어 버렸기 때문이다. 그 죄는 후손들에게까지 이어진다.

그럼 이런 의문이 들지도 모른다.

'어쩌면 욕구를 계속 유예해야만 만족스러운 삶을 살 수 있다고 과학자들이 선동하는 게 아닐까?'

이 질문에 답이 되는 연구 결과가 있다. 유혹에 넘어가기로 결정한 이후에 후회하는 것보다 스스로를 제어하기로 결정한 후의 아쉬움이 더 강렬하고 오래간다는 점을 명백하게 보여 주는 연구다.[16]

학창 시절에 모든 친구들이 참여해 며칠 동안 그 파티에 관한 이야기를 할 때, 혼자만 참석하지 못한 사람이 있을 것이다. 혹은 좋아하던 사람과 만날 약속을 놓치고 그 이후로 그 사람을 만날 기회가 없는 사람이 있을 것이다. 이러한 사람은 몇 년 동안 이를 아쉬워할 가능성이 있다. 반대로 하룻밤을 방탕하게 보내고야 말았다는 후회는 그리 오래 가지 않는다.

결정을 내린 이후의 주관적인 감정 상태에는 주목하지 않고 미래의 성공만을 지나치게 강조하는 미래 지향적으로만 산다면 삶의 질을 저해할 우려가 있다. 감정적으로 만족한 삶을 산다는 건 완전한 '쾌락주의'에 젖어 현재를 살아야 완성된다. 예를 들어 지금 당장 친구들과 만나서 즐거운 시간을 보내는 것이다.

항상 일정을 짜서 움직이고 미래 지향성에 사로잡혀 현재에도 미래의 목표만을 위해 일하는 사람들은 지금 경험할 수 있는 것들을 잃는다. 감각된 삶의 시간이란 결국 긍정적인 기억으로 가득 찬 삶이자 감정이 가득한 순간, 대개는 좋은 친구들이나 사랑하는 연인 및 배우자와 어울리며 경험하는 순간에 생겨나는 것이다. 짧은 순간을 살지, 아니면 장기적인 이익을 추구할지는 결국 욕구 충족을 언제 할지와 연관이 있다. 자유롭고 생동감 넘치는 사람은 언제나 미래를 예견해 만족 지연을 고르는 사람이 아니라 욕구 충족과 욕구 유예 사이에서 현명하게 판단할 수 있는 사람이다.

시간 문화

미래를 위한 계획과 현재의 삶은 이성과 감성, 자유 의지의 제어와 충동성, 철학자 칸트와 니체, 천사와 악마처럼 딱 떨어지게 양분되는 것이 아니다. 하지만 그 안에 이미 진리가 숨어 있다. 심리학자이자 인간의 시간 지향성을 연구한 필립 짐바르도는 시칠리아계 이민자로서 뉴욕에 정착해 산 자신의 가족에 관해 말했다. 그의 가족은 짐바르도가 어릴 때 대가족과 모여 앉아 즐거운 시간을 보내는 대신 책을 읽고 열심히 공부하는 것을 이해하지 못했다. 그는 가족들의 몰이해가 각기 다른 시간 문화 때문에 비롯된 것이라고 말했다.[17] 그는 미래 지향적이었고, 가족들은 현재 지향적이었다. 짐바르도는 자신의 과학적 소견을 정치적인 측면까지 확장했다. 당시 유럽에서는 북부와 남부의 대립이 팽팽했다. 이로 인해 지역에 따라 시간 문화가 달라졌다. 특히 북부 이탈리아와 남부 이탈리아 간의 갈등은 두 지역 사람들이 인생 전체를 보는 관점이 달라지는 계기였다. 매우 미래 지향적인 북부 이탈리아인들은 이탈리아의 부흥에 대단히 크게 기여했다.[18]

같은 사회 안에서도 환경이 다르면 미래 지향성의 정도도 다르다. 고등 교육을 받지 못한 사람들은 비교적 현재 지향적이며 미래 지향성이 약하다. 사회적으로 인정받는 목표에 도달하고자 만족 지연을 선택할 수 있는 능력은 사회 중류층으로 가는 전제 조건이다. 장기적으로 일할 수 없거나 사회적 논의에 참여할 수 없는 사회 구조 내에서는 사람들이 미래를 지향하는 능력을 가지기 힘들다. 더 나은 미래를 계획하는 사람들은 대개 이민자들이다. 이들은 이민 국가의 경제를 부흥시킨다. 미래를 지향하기 때문이다. 현재 고향을 떠나지 않고 사는 사람들에게는 반대로 다른 가치가 더 중요하다. 개인의 미래가 바뀔 기회가 적다면 삶의 감각 또한 다르기에 가족의 결합이나 유대감 같은 가치가 가장 중요하다.

과학의 역사에서는 지금 욕구를 충족할지 아니면 미래 지향적인 이성을 선택할지를 양분하는 것이 전통이었다. 지크문트 프로이트 Sigmund Freud가 언급한 정신분석학 전문 용어로 말하자면 '초자아(Über-Ich, Super-ego)'와 '이드(Es, Id)'가 '자아(Ich, Ego)'에 압력을 가한다. 자아는 미래를 결정하기 위해 나머지 두 가지 요소를 통합해야 한다. 이 이론적인 구조 내에서 이드는 시간을 모르며 즉각적으로 욕구를 충족하길 바라므로 초자아와 그 윤리관에 따라 억눌려야 하는 것이다. 플라톤 Platon은 의지(용기)와 욕망을 고삐에 묶인 말 두 마리에 비유했다. 이 격정적인 말 두 마리의 고삐는 한 명의 마부, 즉 이성의 손에 쥐어져 있어야 한다. 이 비유에 따라 현대 행동 과학은 충동성을 '뜨거운' 시스템으로, 의지의 제어를 '차가운' 시스템으로 상정했는데, 이 두 가지는 각 개인이 즉각적으로 보상을 받는 것과 나중에 보상을 받는 것 사이에서 의지를 관철하는 내면적 기반이 된다.[19]

그런데 과연 정말로 그럴까? 우리는 지금 편한 것을 선택할지 아니면 조금 참을지 자주 고민하며 모순된 감정을 느끼곤 한다. 그렇다면 이 생각은 설득력이 있다. 몇몇 뇌 과학자들은 뇌의 특정한 부위가 자기 제어 혹은 즉각적인 욕구 충족과 관련이 있다고 정리했다.[20] 한 연구진이 실험 참가자들에게 곧바로 받을 보상과 나중에 받을 보상 중에 선택하라고 말하고는 그들의 뇌를 fMRI[*]로 촬영했다. 그 결과 연구진이 밝혀낸 내용은 다음과 같다. 참가자가 지금 당장 받을 수 있는 작은 보상을 선택하면 감정적 평가와 밀접한 연관이 있는 뇌 부위(부변연계)의 활동이 활발해진다. 그런데 참가자가 보상을 받기를 미루면, 수행 기능과 연관이 있는 전두엽의 활동이 활발해진다. 여기서 수행 기능이란 계획을 세우거나 결정하거나 충동을 제어하는 행동 등을 말한다.

마시멜로 실험의 연구진은 첫 실험을 진행한 지 40년 후에 40대 중반이 된 59명의 참가자들을 대상으로 세 번째 실험을 진행했다.[21] 2011년에 동료들과 함께 이 후속 연구 결과를 발표했을 때 진행자인 월터 미셸 본인은 81세였다. 세 번째 실험은 특정한 반응만을 억제하는 실험이었다. 참가자들은 컴퓨터 모니터에 제시된 얼굴 사진을 보고 어떤 표정에는 최대한 빨리 키보드를 눌러 반응하고, 다른 표정에는 반응하지 않아야 했다. 이 과정에서 참가자들은 fMRI로 촬영되었다. 실험실에서 수많은 얼굴을 스치듯이 보고 최대한 빨리 반응하기란 어려운 일이다.

이 실험 결과, 과거 마시멜로 테스트 당시 눈앞에 놓인 마시멜로를 참지 못하고 먹어 버렸던 어린이들은 40대가 되자 웃는 얼굴을 보고서 '무심코' 키보드를 누른 경우가 많았다. 그들이 얼굴을 보고 키보드를 누르는 과제를 수행하자 충동 억제와 관련이 있는 전두엽 부위의

---

[*] 기능적 자기 공명 영상. 뇌의 활성화 부분을 영상화하는 장치다.

활동이 적었다.

이런 실험 결과가 있음에도 '자기 제어'와 '충동성'의 양분을 지나치게 강조하는 것을 비판하는 사람들이 있다. 그들의 주장 또한 정당하다. 미국의 신경학자 안토니오 다마지오Antonio Damasio의 이론에 따르면 건강한 사람이 내리는 모든 결정은 언제나 감정적 평가에 의존한다.[22] 곧바로 받을 수 있는 보상을 포기하는 결정을 내릴 때는 감정적으로 미래에 받을 보상의 가치가 더 크게 느껴진다. 저녁에 소파에 앉아 TV를 보는 대신 건강을 향상시키거나 자세 교정을 하기 위한 운동을 하는 근거도 결국에는 감정적인 평가다. 나중에 인정받고 돈을 많이 벌기 위해 직업적으로 성공하고자 현재 편안하게 쉬기보다 열심히 일하기를 선택하는 것 역시 감정적인 평가의 결과다. 즉 보상받기를 미룰지 아니면 즉시 받을지 선택하는 데에는 감정적인 평가가 결정적인 영향을 미친다는 뜻이다. 다마지오는 우리가 선택지 중 하나를 고르는 데 이성 혹은 선호도는 그다지 중요하지 않다고 말했다. 모든 선택에 가장 강한 영향을 미치는 것은 감정적 평가다.

기다려야 하는 시간 때문에 주관적인 보상의 가치가 더 작아지는 이유는 이미 앞에서 보았듯이 대기 시간이 길어질수록 돈의 가치가 줄어들기 때문이다. 우리가 감정적으로 경험하는 지금 이 순간은 마치 콘택트렌즈 같은 역할을 한다. 이 렌즈를 통하면 현재 일어나고 있는 사건이나 내 손에 들어올 것처럼 보이는 사물이 중요하게 보이고, 미래에 발생할 것들은 비교적 흐릿해 보인다. 우리가 어떤 행동을 할지 결정하는 것은 감정, 더불어 시간 감각이다. 앞으로 몇 주라는 시간이 남아 있더라도 시험이 다가오면 느껴지는 불안은 우리에게 더 큰 영향을 미친다. 망원경 효과*와 마찬가지로, 정해진 일정까지 남은 몇 주는 대단히 짧게 느껴지므로, 사람들은 그 일정이 바로 코앞으로 다가왔다고 여긴다. 그러면 시간적 압박이 발생한다. 이에 따라 감정이 변화하며 그와 같은 정도로 시간 감각 또한 변해서 두 시점 사이의 시간적 거리가 좁아진다.

근시안적인 태도

현재 정치적인 주제로 자주 논의되는 것이 정치인들의 근시안적인 행동이다. 오늘날 대부분의 국가가 짊어지는 부채는 시민의 안전과 안녕을 지키기 위해서 지출하기 때문에 생겨난다. 그러나 부채는 오늘날 정치인들이 근시안적인 행동을 한 결과로 다음 세대가 갚아야 할 돈이다. 천연자원과 환경을 둘러싼 행동도 이와 비슷하다. 논쟁은 늘 똑같다. 물질적 안정(한 국가의 경제 성과와 일자리 보존)을 추구할 것인가, 아니면 점점 더 큰 위험에 처하는 지구의 생태학적 균형을 유지할 것인가? 우리는 2050년 혹은 2100년이 되었을 때 나타날 결과를 부정적일 것이라 예측한다. 만약 우리가 지금부터 자연을 보호하려 노력하지 않는다면 긍정적인 결과가 도출될 여지는 없다.

아이들은 실제로 두 번째 간식을 받아야 앞으로 두 번째 간식을 기

---

* 사물을 망원경으로 보면 거리를 느낄 수 없듯이, 시간적으로 멀리 떨어진 사건을 현재와 훨씬 가깝게 여기는 것을 말한다.

다려야겠다는 점을 배울 수 있다. 청소년은 시험에서 좋은 점수를 받아야 시험을 잘 보기 위해 조금 참고 공부하는 편이 좋다는 점을 배울 수 있다. 하지만 늘어나는 국가 부채나 미래를 고려하지 않은 환경 정책의 경우, 우리는 그런 행동이 미치는 장기적인 영향과 그 결과를 그리 생생하게 경험하지 않는다. 무언가를 깨우치고 배우려면 행동의 성과에 따른 보상을 받는 것이 매우 중요하다. 이는 보상 체계가 활성화되며 의미와 가치가 발생하기 때문이다. 따라서 우리는 미래에 발생할 가정적이고 추상적인 사건을 현재의 구체적이고 감정적인 욕구와 나란히 견줄 상상력을 발휘하도록 더욱 노력해야 한다.

2

뇌에는 박자가 있다

.... 모든 사람에게는 고유한 속도가 있을까? 뇌가 움직이는 박자가 느려지면 당연히 세상의 움직임을 주관적으로 빠르다고 느낄 것이다. 이것은 뇌가 손상된 환자들이 자주 경험하는 현상이다. 시간이 빨리 가는 것처럼 느껴져 '시간 신속 현상'이라고 한다. 반대로 뇌가 작동하는 박자가 매우 빨라지면 일종의 슬로 모션 효과가 발생한다. 이것은 주로 깜짝 놀랐거나 공포를 느꼈을 때 야기되는 현상이다. 여러 연구자들이 몇 년 전부터 베일에 싸인 뇌의 박자를 파헤치고자 노력 중이다.

　　독일의 작가 스텐 나돌니Sten Nadolny의 소설 《느림의 발견》은 19세기 전반기를 살았던 영국인 선원이자 극지 탐험대의 대장인 존 프랭클린John Franklin의 생애를 다룬 이야기다. 이 소설에서 존 프랭클린은 행동이 굼뜨다고 묘사된다. 그는 어렸을 때 친구들이 하는 공놀이에 낄 수 없었다. 그에게는 공놀이가 너무 빨랐기 때문이다. 학창 시절에는 생각을 정리하는 데 시간이 너무 오래 걸려서 친구들이나 선생님에게 비난을 받기도 했다. 그의 아버지조차 아들을 느려 터졌다며 구박했다.

　　그럼에도 프랭클린은 특유의 끈기를 발휘해 젊은 나이에 선원이 되었다. 한번은 항해를 나간 프랭클린이 등대 주변을 밝히는 빛줄기를 관찰한 적이 있었다. 다른 선원들은 그 빛줄기를 그저 빙글빙글 돌며 움직이는 것이라고 생각했지만, 프랭클린은 그것을 넓게 펼쳐진 혜성의 꼬리라고 생각했다.

　　그는 자신의 '현재'가 다른 사람보다 더 넓으며, 자신의 현재 안에서는 늘 여러 순간이 하나로 묶인다고 생각했다. 그는 세상을 매우 느리게 인식해서, 여러 가지 것들이 연달아 여러 결과를 내놓은 것을 동시에 벌어진 한 가지로 경험했다.

프랭클린의 은사인 옴 박사Dr. Orme는 인식 속도를 측정하는 기계를 개발했다. 한쪽 면에는 남자가, 다른 면에는 여자가 그려진 원반이 손잡이에 부착되어 가로로 빙글빙글 도는 기계였다. 이 원반을 천천히 돌리면 남자와 여자가 차례로 보인다. 그런데 이 원반을 아주 빠르게 돌리면 두 사람이 동시에 보인다. 그러면 관찰자는 남자 혹은 여자가 보이는 정확한 타이밍을 알 수 없다. 옴 박사는 이 기계를 활용해 사람들의 각기 다른 시간 지각 능력을 측정했다. 옴 박사가 원반을 점점 더 빠르게 돌리고 관찰자가 남자와 여자가 동시에 보인다고 말할 때 도구로 원반의 회전 속도를 재는 것이다. 이때 잰 원반의 속도가 빠를수록 시간 분해 능력 혹은 속도 인식 능력이 높다. 프랭클린은 다른 사람과 비교해 원반이 느린 속도로 돌 때부터 남자와 여자가 동시에 보인다고 말했다.

옴 박사는 이 계측 도구를 통해 프랭클린이 남들보다 느리다는 사실을 직접 확인했다. 그러나 그의 정신력을 믿었다. 결국 옴 박사가 옳았다. 존 프랭클린은 유명한 극지 탐험가가 되었고 한때는 태즈메이니아*의 총독을 맡기도 했다. 느리지만 꼼꼼하고 세심한 프랭클린 선장 덕에 선원들이 목숨을 건진 상황도 많았다.

---

*   태즈메이니아섬과 주변 섬으로 이루어진 오스트레일리아의 주

뇌가 인지하는 현재

스텐 나돌니가 쓴 전기 소설은 사실이 아니지만 사람들의 시간 분해 능력이 각기 다르다는 생각은 연구 대상이 되었다. 지각 심리학[*]에서는 앞서 언급한 것과 같은 다양한 측정 도구가 사용된다. 두 가지 자극이 나타나는 시간적 순서를 파악하는 실험에서 우리는 사람이 자극의 시간적 순서를 판단하는 데 최소한으로 주어져야 하는 시간 간격을 확인할 수 있다.

시간적 순서 인식 능력 실험

두 가지 음이 각기 다른 음량으로 불규칙적인 순서로 울린다고 해 보자. 두 음 사이 시간 간격이 충분히 멀다면, 누구나 어떤 음이 먼저 울리는지 들을 수 있다. 두 음 사이 시간 간격을 단계적으로 줄여 보았다. 실험 참가자들이 정확한 순서를 알 수 없을 때까지 말이다. 연구진은 측정값이 정확한지 확인하고자 이 과정을 몇 번이고 되풀이했다. 그 결과 참가자들이 이 실험을 10회 시행했을 때 그들의 한계는 대략 7, 8회 정도 정확했다. 무작위로 맞추는 것이 아님을 알 수 있었다. 이런 식으로 개개인의 시간적 순서 판단의 한계, 즉 의식적인 시간 분해 능력의 측정값을 구할 수 있다. 시간을

---

[*] 감각 기관을 통해 대상을 인식하는 작용에 관하여 연구하는 심리학

더 정확하게 지각할수록 시간 간격이 짧은 두 음을 느낄 수 있고, 시간 순서를 파악하는 한계 또한 낮다.

시간 간격에 따라 순서를 판단하는 요소는 다른 감각 기관이나 다른 종류의 자극을 사용한 실험에서도 똑같은 결과가 나타났다. 소리 자극 실험에서는 서로 다른 음을 사용한다. 참가자에게 헤드폰을 씌우고 버튼 음을 왼쪽과 오른쪽에서 번갈아 들려주면 참가자가 어느 쪽 귀에서 먼저 소리가 들리는지 말하는 방법도 있다. 시각 체계를 활용하는 실험에서는 컴퓨터 모니터를 사용하고, 모니터에 색이 다른 두 광점이 짧은 시간 동안 번갈아 나타났다 사라지도록 해서 참가자에게 어느 광점이 먼저 보였는지 말하도록 한다. 촉각 체계를 활용하는 실험에서는 왼손과 오른손에 번갈아 자극을 가하고, 참가자가 어느 쪽 손의 자극을 먼저 느꼈는지 말하도록 한다.

실험을 해서 각기 다른 방식으로 도출된 결과를 비교해 보니 대학생들은 모두 10ms(밀리초, 1000분의 1초) 범위 내에서, 더 정확히 말하자면 20ms부터 60ms 사이에 한계를 보였다.[1] 반면 나이가 더 많은 사람들의 한계는 조금 더 길었다. 즉 젊은 사람들은 두 자극 사이의 간격이 짧아도 자극의 순서를 파악할 수 있었지만 나이가 많은 사람들은 자극 사이의 간격이 더 길어야 순서를 파악할 수 있었다는 결론을 낼 수 있다. 이는 나이가 들면서 보편적으로 인지 능력이 점차 저하되기 때문인 것으로 보인다.[2] 인지 능력은 한편으로 작업 기억이라고도 한다. 이는 어떤 사건을 특정한 시간 간격이 지난 후에도 올바르게 기억하는 능력을 뜻한다. 인지 능력은 주의력과 행동 준비 능력을 뜻하기도 하는데, 행동 준비 능력은 발생한 사건에 빠르고 정확하게 반응할 수 있는 능력을 말한다. 한편 어린이와 성인을 대상으로 실험을 해 보니 지능 측정 결과와 시간적 순서를 판단하는 능력 사이에 연관성이 높지 않았다.[3] 다만 지능 검사에서 높은 점수를 받은 사람들은 시간 순서를 판단하는 능력이 더 뛰어난 경향을 보였다.

굼뜬 아들을 머저리라 구박했던 존 프랭클린 아버지의 생각이 옳았던 걸까? 그렇지는 않아 보인다. 사실 본질적인 의미에서 그는 틀렸다. 한때는 많은 사람들이 지능과 시간적 순서를 판단하는 능력 사이에 연관성이 있다고 여겼다. 이해가 더 빠른 사람이 보편적으로 더 똑똑하다 생각되고, 그 이유만으로 더 빠른 판단력을 요구하는 방식의 지능 검사가 널리 통용되었다. 너무 느린 사람은 점수가 낮을 수밖에 없고, 그러니 지능이 낮다고 평가되는 것이다.

그러나 그 연관성은 낮다. 사람들의 시간적인 순서를 인식하는 능력과 지능 지수 사이에는 대략 10퍼센트 정도의 연관성만이 있었을 뿐이다. 달리 말해 나머지 90퍼센트의 차이는 다른 요소에 있었던 것이다. 지능이 높은 사람들 중에도 시간적인 신호를 개별적으로 판단할 수 있는 능력이 떨어지는 사람을 종종 볼 수 있다. 과학적으로 고찰하자면 이렇게 발견된 연관성이 흥미로웠을지도 모르지만, 시간적 순서 인식 능력 실험은 개인의 지능을 확인시켜 주는 실험이 아니다. 지능 검사의 가치를 지나치게 높이 평가해서는 안 된다. 이 검사 결과는 해당 인물의 학업 혹은 직업적 성공의 일부분을 예측할 뿐이다. 스텐 나돌니의 소설에서 존 프랭클린은 존경받는 선장이자 총독이었다. 살면서 겪는 복잡하고 중요한 문제를 해결하는 능력은 한 가지 테스트만으로 간단히 알아볼 수 없다. 다른 수많은 요소, 성격이나 사회적, 감정적 능력이 함께 작용해 결정적인 역할을 한다.[4] 시간적인 압박이 있음에도 상황을 빠르게 판단하는 능력은 당연히 매우 큰 장점이다. 하지만 본질적인 문제가 발생한다면 해결 방안을 찾는 데 시간을 들여야 한다.

시간 순서 인식에 관한 연구 결과 또 다른 중요한 결론이 도출되었다. 에른스트 푀펠Ernst Pöppel은 지각과 행동을 조종하는 뇌의 박자가 있을 것이라고 보았다.[5]

뇌의 박자를 찾는 실험

뇌에서는 신경의 진동에 따라 어떤 시스템 상태가 만들어지는데, 이 상태는 밀려들어 오는 감각 정보 중 어떤 것이 시간적으로 연결되어 있고 어떤 것이 연결되어 있지 않은지를 판별한다. 뇌가 대략 30ms 정도 특정한 상태를 유지하는 동안 처리되는 모든 정보는 동시에 발생한 것으로 여겨진다.

약 30ms 정도 지속되는 박자는 지각에만 관련된 것이 아니다. 시간 순서를 인식하는 것뿐만 아니라 운동성 반응 시간 데이터에서도 드러난다. 실험 참가자들이 다양한 반응을 보이도록 하면 반응 시간이 균일하게 나뉘지 않는다는 사실을 알 수 있다. 소리를 들으면 가능한 빨리 왼쪽 버튼을 누르고, 빛이 보이면 오른쪽 버튼을 누르는 과제를 수행하도록 할 수 있다. 반응 시간 분배를 표시한 도표에는 최고점이 여러 개 나타나는데, 최고점 사이의 시간 간격은 대략 30ms이다.[6] 그 말은, 인간의 반응이 임의의 시점에 나타나는 것이 아니라 매 30ms라는 시간 단위가 경과할 때마다 나타난다는 뜻이다. 다만 주의해야 할 점은 뇌가 정확히 30ms 주기의 박자로 움직이는 기계가 아니라 생물학적인 시스템이라는 점이다. 즉 신경 진동(뇌의 신경생리학적 진동)의 지속 주기는 원칙적으로 수십 밀리초 이내의 편차를 보인다.

의식적인 지각에 동반하는 뇌 활동을 파악하려는 연구를 한 결과 20Hz 중반부터 50Hz까지의 소위 감마대역이라 불리는 진동의 지속 주기가 관찰됐다.[7] 이 주파수 범위는 행동에서 측정된 시간 간격인 20~40ms와 거의 일치한다. 지각 및 반응 실험의 결과를 함께 살펴보면, 이 신경생리학적 조사 결과는 우리가 어떤 것을 연속적으로 경험할지라도 우리의 의식적 경험이 별개의 아주 작은 단계로 쪼개져 발생한다는 점을 설명한다.[8] 이때 뇌파검사EEG와 뇌자도MEG로 파악할 수 있는 주파수대의 순서가 있다. 이것은 지각 및 사고 과정과 연관이 있다. 많은 연구진이 30ms의 범위 내에서 발생하는 신경학적 시스템의 상태를 뇌의 근본적인 박자라고 본다.[9]

옴 박사는 그 밖에도 색이 칠해진 면의 모습을 조금씩 바꿔 빠르게 보여 주며 움직이는 그림을 만드는 기계를 고안했다. 이 기계는 그림을 아주 빠른 속도로 넘기며 마치 그림이 움직인다는 착각을 만들어 낸다. 이것은 우리의 시간 지각 특성을 고려한 영화의 원리이기도 하다. 그림이 연속으로 이어져 움직이듯이 보이는 최소한의 프레임 속도Frame rate는 대략 20Hz(이때 그림 한 장은 약 50ms 동안 보인다)이다. 각각의 그림은 관찰자가 그것들이 연속하여 움직이는 것처럼 보인다고 착각할 정도의 빠르기로 지나가야 한다.

뇌의 시간

인간의 정신적 기능을 연구하는 뇌 과학자들에게 신경학적 혹은 정신적 질환을 앓고 있는 환자들의 임상 결과를 연구하는 것은 중요한 출발점이다. 만약 부상을 당했거나 질병이 발생한 이후에 특정한 뇌 부위에서 특정한 정신적 기능이 손상된 사실이 발견된다면 바로 그 뇌 부위가 해당 기능에 관여한다는 결론을 도출할 수 있다. 예를 들어 대뇌피질의 측두엽에 존재하는 뇌 부위 중 하나인 해마가 손상되면 사람은 새로운 기억을 저장하지 못한다. 일반적인 지식과 관련된 '의미 기억'은 물론이고 과거에 발생한 경험을 기억하는 '일화 기억'도 해마의 기능에 의존한다. 해마의 도움으로 우리는 의식적으로 경험한 것을 장기 기억으로 전환할 수 있다. 어제 직장 동료와 대화한 내용을 기억할 수 있다면 그 이유는 바로 해마의 활동이 대화의 내용과 상황을 저장하는 데 결정적인 역할을 했기 때문이다.

오늘날에는 시행되지 않는 수술이지만, 제어 불가능한 간질 발작을 치료하고자 1950년대에 뇌 수술을 받은 몇몇 환자들에게서는 발작의 원인으로 꼽힌 양측 측두엽이 제거되었다. 그 과정에서 가까이에 있던 해마의 일부도 제거되었다. 그 이후 발작이 완전히 사라지거나 대폭 줄어들었기 때문에 수술은 성공으로 여겨졌다. 하지만 환자들은 예상치 못한 극적인 변화를 겪었다. 해마가 제거된 환자들은 의식적인 정보를 더 이상 저장할 수 없었던 것이다.[10]

수술 직후 이 환자들은 의사소통도 잘했고 아무런 문제가 없어 보였다. 그러나 곧 수술의 결과가 뚜렷하게 나타났다. 환자들은 불과 5분 전에 읽은 신문 기사의 내용은 물론 신문을 읽었다는 사실조차 기억하지 못했다. 이미 수도 없이 교류했던 의사나 간호사가 병실로 들어와도, 환자들은 그들이 낯선 사람이라 생각했다. 환자들이 기억할 수 있었던 내용은 오로지 수술을 받기 전의 삶이었다. 수술 이후의 새로운 경험은 기억으로 저장되지 않았다. 그들은 현재, 그 순간 경험하는 것들의 현존이라는 섬 안에서 단기 기억과 수술 전의 삶에 관한 기억만 안고 살고 있었다. 이 충격적인 연구 결과를 본 사람들은 해마가 결정적인 역할을 하는 기능에 주목했다. 그 기능은 바로 의식적인 경험을 저장하는 것이다.

뇌 부위 중 단 한 부분이 복잡한 정신적 기능을 독점으로 담당하는 경우는 드물다. 대부분의 기능에는 뇌 전체에 걸쳐 분산되어 있는 전체 시스템이 관여한다. 그렇다면 뇌에 박자가 있다고 가정했을 때 뇌 부위나 지각과 운동 기능에서 페이스메이커 역할을 하는 신경 체계의 위치를 어떻게 특정할 수 있을까? 특정한 뇌 구조에 의존하며 시간적 순서를 인식하는 역할을 하는 내면의 시계가 존재할까? 아직 확실한 답은 없다. 우선 시간 순서 인지 능력이 좋지 않은 신경병 환자들을 식별하는 연구는 성공했다. 뇌졸중을 겪은 다음 좌측 상부 측두엽과 하부 두정엽이 손상된 환자들은 대부분 언어 장애, 실어증 등을 겪었다. 이 환자들은 단어나 문장의 의미를 이해하는 일에 어려움을 겪었다. 연구진은 이들이 시간적 순서를 인식하는 한계점이 평균적으로 매우 높다는 사실을 확인했다. 그 말은 이들이 두 가지 자극을 올바른 시간 순서대로 배열하려면 두 자극 사이의 시간 간격이 상당히 커야 한다는 뜻이다.[11] 그런데 뇌의 다른 부위에 뇌졸중이 발생한 환자들은 이런 어려움을 겪지 않았다. 이 연구 결과는 대뇌피질의 왼쪽 부분이 시간적 순서를 인식하는 데 근본적으로 관여한다는 결론으로 이어진다.

시간 순서를 인식하는 능력이 언어를 이해하는 능력과 밀접하게 연관된다면, 언어 능력 관련 장애의 진단 및 치료의 문이 활짝 열릴지도 모른다. 다만 그러려면 시간적 순서 인식 능력이 언어 이해력과 어떤 연관이 있는지를 알아야 한다. 청자들은 /pa/, /ta/, /da/, /ka/, /ga/ 같은 음절 내의 특정한 자음을 인식할 때 각각의 음성학적 사건을 시간 순서에 따라 처리해 이해한다. 음성 요소는 10ms의 간격을 둔 진동처럼 청자의 귀에 부딪치는데, 그 범위는 청자의 시간 순서 배열 능력의 한계점 이내다. 이 한계점이 높은 것으로 드러난 실어증 환자들은 음성 정보의 시간 순서를 인식하는 데 어려움을 겪으며, 각기 다른 자음을 제대로 구분하지 못한다.[12] 연구진은 언어 발달 장애를 겪는 어린이들 또한 이와 비슷하게 시간적 순서를 인식하거나 자음의 차이를 구분하는 데 문제를 겪는다는 사실을 발견했다. 이것은 발화된 언어를 이해하는 능력과 시간적 순서를 지각하는 능력 사이에 깊은 연관이 있다는 또 다른 증거다.[13]

음성 인식과 시간 지각 사이에 진단학적인 연관성이 있다는 연구 결과가 밝혀지면서 다양한 훈련법이 고안되었다. 여러 연구진이 실어증이 있는 성인과 발달성 언어 장애가 있는 어린이를 대상으로 자극의 시간적 순서를 인식하는 체계적인 훈련을 시도했다. 그 훈련을 받은 사람들은 시간 순서를 배열하는 한계점이 눈에 띄게 낮아졌으며, 동시에 자음 구분 능력 또한 훨씬 향상되었다.[14] 이 훈련 결과가 발표된 이후 미국과 독일에서는 개인의 시간 순서 배열 능력을 진단하고 훈련시키는 기계가 만들어졌고, 관련 시장이 발달했다. 그러나 임상 실습 분야에는 아직 이 방식이 시행되지 않았다.

뇌 손상을 입고 실어증을 앓게 된 환자는 평균적으로 두 가지 자극 사이의 시간적 순서를 인식하는 데 훨씬 긴 시간 간격이 필요하다. 이것은 인간의 내면에 박자가 존재하며, 이 환자들의 경우 박자가 느려졌다는 증거다. 그런데 이 환자들은 자신을 둘러싼 세상의 모든 것들이 빠르게 흘러간다고 말하지는 않았다. 여기에는 두 가지 이유가 있다. 하나는 음성 신호의 시간적 차이를 구분하는 능력이 손상될 정도로만 뇌의 박자가 느려졌으리라는 것이다. 이때 시간적 차이의 범위는 10ms 이내다. 약간 느려진 내면의 박자는 세상의 다른 모든 일이 적절한 속도로 흘러간다고 느낄 정도일 수 있다. 또 다른 이유는 서로 밀접한 영역인 청각 자극과 발화된 언어를 지각하는 데는 동시에 문제가 있을 수 있지만, 그 문제가 전반적인 인식을 방해하지는 않는다는 것이다. 그렇다면 이런 의문을 가질 수 있다. 실어증에 걸려 시간을 분해하는 능력이 퇴화한 환자의 음악 경험도 손실이 될까?

음악 경험의 대부분을 구성하는 음의 높낮이와 선율을 인식하는 것은 오른쪽 두뇌 반구가 주로 하는 일이며, 언어와 시간 순서를 인식하는 것은 왼쪽 두뇌 반구가 주로 하는 일이다. 그렇다고 해서 음악을 인식할 때는 반드시 오른쪽 두뇌만 일을 하고 언어나 시간 순서를 인식할 때는 왼쪽 두뇌만 일을 하는 것은 아니다. 음악의 시간 순서를 배열할 때도 왼쪽 뇌 반구가 관여한다.

한편 시간 감각 장애가 일상적인 시각 경험에 영향을 미치기도 한다. 어떤 환자들은 시각적인 사건, 즉 눈으로 직접 본 사건의 시간적 순서를 인식하는 데 어려움을 겪는다는 사실이 밝혀지기도 했다.

지각과 운동 능력을 중점적으로 책임지는 뇌의 박자가 존재하는지는 아직 명확히 알 수 없다. 만약 그런 중점적인 박자가 존재하고, 뇌가 손상을 입어서 뇌의 박자에 장애가 발생한다면 모든 감각, 청각과 시각은 물론 촉각까지 손상되는 것은 물론 행동 또한 느려져야 한다. 의학적으로는 뇌종양이나 뇌염을 겪고 난 다음 이런 장애를 겪는 환자들의 사례가 보고되기는 했지만 매우 드물다. 이 환자들은 자신의 주변 환경이 너무 빨리 움직인다고 말했다. 마치 '빨리 감기' 효과가 적용된 영화를 보듯이, 그들을 둘러싼 세상이 너무 빨리 움직인다는 것이다. 그래서 이 환자들은 운전을 하기는커녕 TV조차 보지 않는다.[15] 그들에게 세상은 퀵 모션 촬영*처럼 지나간다. 그리고 이런 퀵 모션 효과를 뒷받침하는 것이 느려진 체내 박자다. 만약 뇌 손상 이후 특정 뇌 부위의 활동이 느려지면, 주변 환경이 비교적 빠르게 느껴질 것이다. 이는 관찰자가 지각하는 박자가 느려질수록 세상에서 일어나는 사건의 속도는 점점 빨라진다는 의미다.

바로 그 뇌의 박자가 발생하는 뇌 부위를 정확히 특정하기란 결코 쉬운 일이 아니다. 어떤 환자들은 시각적인 경험을 할 때에만 퀵 모션 효과를 느꼈다. 눈을 감고 타인과 대화하거나 음악을 들으면 이들의 시간 감각은 '정상'으로 돌아왔다. 어떤 환자들은 시각은 물론 청각 자극을 인지할 때 모두 퀵 모션 효과를 느꼈다. 이들 중 대부분은 오른쪽 두뇌 반구의 후두엽과 두정엽에 손상을 입은 이들이었다. 이는 보편적으로 흔치 않은 경우다.[16] 그런데 뇌의 다른 부위에 손상을 입은 환자 중에도 퀵 모션 효과를 느꼈다고 말한 사람이 있었다. 이것은 인간이 시간의 경과를 경험하는 데 신경망이 관여한다는 증거다. 개별적으로 보고된 여러 신경학적 사례를 종합해 우리는 중심적인 혹은 여러 감각의 협업에 의존하는 체내 박자라는 것이 존재한다고 말할 수 있다.

슬로 모션

위기에 처했을 때, 사고가 일어날 뻔하거나 일어났을 때, 폭력을

---

*   실제 속도를 수십 배 빠르게 촬영하는 기법

당했을 때 경험하는 효과가 있다. 바로 그 순간이 느리게 보이는 슬로 모션 효과다.

예를 들어 자동차를 운전하는데 화물차가 돌진해 온다면 운전자에게는 갑자기 모든 움직임이 슬로 모션으로 보일 것이다. 나중에 이 운전자는 자신이 얼마나 침착하게 자동차 클러치와 기어, 액셀을 제어해 충돌을 종이 한 장 차이로 피했는지 설명한다.[17] 이런 상황에는 지각의 박자가 빨라진다. 위험이 닥치면 뇌가 빠르게 작동하므로 세상이 비교적 느리게 움직이는 것처럼 인식되는 것이다. 이렇게 지각의 박자가 빨라지면 나타나는 효과는 명확하다. 생물체는 주변의 자극에 평소보다 빨리 반응하고 더 민첩하게 행동해서 위험 상황에 대응할 수 있다.[18] 이는 생존에 도움이 된다. 신체의 기본적인 자극 수준이 높아지면 뇌의 일 처리 속도 또한 빨라진다. 영화 〈매트릭스〉에는 슬로 모션이 적용된 싸움 장면이 다수 등장하는데, 이것은 등장인물들의 의식적인 경험을 관객들에게 직접 보여 주기 위한 장치다.

실험실에서 실제로 위험한 상황을 만들어 내는 것은 도덕적으로 부적절하므로 위험에 처한 사람들이 정말로 슬로 모션을 경험하는지, 아니면 나중에 상황을 돌이켜 봤을 때 당시의 감정 상태 때문에 슬로 모션처럼 느끼는지는 불분명하다. 이 의문을 파헤치고자 데이비드 이글먼David Eagleman의 지도를 받은 미국 텍사스의 연구진이 자원한 참가자들을 대상으로 독특한 실험을 진행했다.[19] 연구진은 우선 작은 기계로 실험 참가자들의 시간 분해 능력을 측정했다. 측정 방법은 기계에 붙은 LED 불빛이 동시에 켜졌다 꺼질 때 깜박이며 나타나는 숫자를 읽는 것이었다. 박자에 맞춰 켜졌다 꺼지는 LED 불빛이 숫자와 배경을 만들어 냈다. 이렇게 전경과 배경이 번갈아 가며 켜지거나 꺼지다가 그 속도가 느려지면 참가자들이 아무런 문제 없이 숫자와 배경을 지각할 수 있었다. 깜박임이 점차 빨라져 전경과 배경을 구분할 수 없을 수준에 도달하자 참가자들은 어느 순간 그것이 균일한 화면이라고 지각했다. 연구진은 이런 식으로 각 개인의 한계를 측정했다.[20]

그다음 실험 장소는 사람들이 31미터 높이에서부터 자유 낙하해 그물 위로 떨어지는 탑이 있는 놀이공원이었다. 연구진은 자유 낙하 같은 두려운 상황에 처하면 사람의 시간 지각이 빨라져서 더 빠른 깜박임도 잘 인식할 것이라는 가설을 세웠다. 그렇다면 자유 낙하를 하는 동안에는 뇌의 박자가 빨라지기 때문에 참가자들이 첫 번째 실험에서는 읽지 못했던 빠르기로 깜빡여도 숫자를 읽을 수 있을 터였다. 연구진은 손목시계와 비슷하게 생긴 측정 기계를 참가자들의 손목에 채우고 그들이 자유 낙하를 하는 동안 숫자를 읽도록 했다. 그러나 참가자들은 숫자를 읽지 못했다. 다만 참가자들은 다른 참가자의 낙하를 관찰할 때보다 자신이 직접 뛰어내렸을 때 낙하 시간이 더 길게 느껴진다고 말했다. 연구진은 위험한 상황에 처했을 때도 실제로는 뇌의 박자가 더 빨라지지 않는다고 결론지었다. 단, 나중에 회상했을 때는 위험한 상황에 시간이 느리게 흐른 것처럼 느껴짐을 알 수 있었다.

물론 이 실험의 과정과 조건에 이의를 제기하는 사람이 많을 것이다. 통제 가능한 실험실 환경을 벗어나 '세상 밖으로' 나가는 것은 언제나 문제가 됐다. 세상 밖에는 실험 결과에 영향을 미칠 많은 요소가 존재하기 때문이다. 예를 들어 실험 참가자들이 자유 낙하를 하는 동안 시계를 제대로 보지 못했을지도 모른다. 뛰어내리기 전에 잠시 LED 불빛을 볼 때의 조건 및 상태와 낙하하는 도중의 조건 및 상태가 달랐을지도 모른다. 아무런 소득이 없는 실험이었지만, 이 실험은 처음으로 실제 조건하에서 슬로 모션 효과를 연구한 것이라는 데 의의가 있다. 우리가 있다고 가정한 뇌의 박자가 실제로 더 빨라질 수 있는지, 그리고 그 상황에 시간 분해 능력이 높아지는지를 알아볼 독특한 연구를 앞으로 더 많이 진행해야 할 것이다.

지금까지 실험실에서 한 여러 가지 연구 결과로 입증 가능한 점은 위협적이고 강력한 감정적인 자극을 받을 때 지속 시간이 과대평가되었다는 것뿐이다. 실험 참가자들에게 모니터 안에서 움직이는 가상의 원반을 보여 주면, 참가자들은 원반이 자신들에게서 멀어질 때보다 자신들에게 가까이 다가올 때 그 시간을 더 길게 느꼈다.[21] 가까이 다가오는 원반을 잠재적 위협으로 인식하게 되자 신체적 자극이 높아졌고, 위험한 순간에 발생하는 슬로 모션 효과와 마찬가지로 시간이 늘어난 것처럼 느껴진 것이다. 감정적인 이미지를 보았을 때도 시간이 늘어나는 효과를 느낄 수 있다. 연구진은 실험 참가자들에게 여러 이미지를 연달아 보여 주고, 본인이 그 이미지를 얼마나 오랫동안 바라보았는지 추측하도록 했다. 그러자 참가자들은 중립적인 이미지에 비해 긍정적이든 부정적이든 감정을 깊이 자극하는 이미지를 본 시간을 평균적으로 더 길게 느꼈다. 예를 들어 성적인 사진이나 사고 현장의 사진 등을 보여 주면 참가자들은 그 사진을 바라본 시간이 풀을 먹는

소들처럼 평온한 사진을 바라본 시간보다 더 길다고 느꼈다.[22]

관찰자의 시간 분해 능력이 자극적이며 신체 조직을 활성화시키는 상황에서 개선될 수 있다면, 그것이야말로 슬로 모션 효과의 직접적 증거다. 연구진은 기능적 신경영상법[*]을 활용해 시간의 흐름을 주관적으로 경험하는 데 관여하는 뇌 부위를 찾아내겠다는 목표를 세웠다. 다만 문제는 실험실에서 위협적인 상황을 그대로 재현해 낼 수 있느냐다. 뇌의 박자를 찾는 여정은 앞으로도 계속될 것으로 보인다.

---

[*] Functional neuroimaging, 가장 잘 알려진 기능적 신경영상법은 fMRI다. .

3

3초,
현재를 느끼는 시간

.... 현재를 느낀다는 것은 자신의 존재를 매 순간 의식한다는 뜻이다. 우리는 현재, 바로 그 순간에 집중하는 능력을 간단한 연습으로 향상시킬 수 있다. 이는 더욱 강렬하게 현재를 느낄 수 있도록 한다. 이러한 지각 요소를 연결해 시간을 구성하는 뇌의 근본적인 메커니즘은 2초에서 3초가량 지속된다. 어떤 사람은 베토벤 교향곡 제5번 같은 위대한 예술 작품을 마주했을 때 이를 경험한다. 대개는 몸을 이완시키고 자신의 호흡에 집중하는 방식으로 이를 경험할 수 있다.

어떤 것도 과거에 더 나았을 리는 없다. 모든 것은 시간이 지날수록 점점 나아진다. 여러 통계를 근거로 들며 국가 간의 싸움(전쟁) 또는 개인 간의 싸움이 역사가 흐를수록 점점 줄어들었다고 주장한 심리학자인 스티븐 핑커Stephen Pinker의 논제만 보아도 알 수 있다.[1] 핑커는 인간 문명이 기술 분야에서 명백하고 뚜렷하게 발달했을 뿐만 아니라 사람들 간의 교류 방식이라는 측면에서도 나름 진보했다고 말했다. 돌이켜 보면 사람이 다른 사람의 손에 죽을 가능성은 과거에 비해 대폭 줄어들었다. 그리고 오늘날 인간들은 다른 인간, 그리고 동물의 슬픔에 깊이 공감한다.[2]

연습이 장인을 만든다

객관적으로는 극적이지 않은 발견이지만 맥락에 따라 중요한 내용이 있다. 의식이라는 주제는 점차 자연과학 분야 연구의 주류가 되었고 더 이상 혁신적이라 여겨지지 않는다. 오늘날 세계 유수 대학에서 인간의 의식을 연구하는 신경과학자와 심리학자들은 20년 전만 하더라도 이 주제를 대놓고 연구해서는 안 되었다고 다소 자조적으로 말한다. 당시 이와 관련된 유명한 말이 있다.

"절대 해고당하지 않는 종신 직장을 얻을 때까지는 의식 연구를 하지 말고 기다려라."

그때는 의식이 진지하게 연구할 거리가 못 된다고 여겨졌다. 그러나 오늘날 의식 연구 분야는 호황기를 맞았고 어느 정도 이름 있는 뇌과학자라면 누구든 의식에 관해 의견을 표명했거나 자신만의 의식 이론을 세웠다.

얼핏 보면 신경과학이나 심리학 분야의 자연과학자들이 의식이라는 논제를 받아들이고 진지하게 연구하는 것이 특별히 중요해 보이지는 않는다. 그렇지만 자연과학과 의학의 역사를 떠올려 보면 다르다. 근대 초반에는 동물을 영혼이 없는 기계라고 여기는 생각이 만연했기에 과학자들이 개를 마취하지 않고 생체 실험을 진행했다. 오늘날 우리는 보편적으로 의식은 단계적인 현상이며 인간을 비롯한 고등한 동물 종은 의식이 있고 이에 따라 고통을 겪을 수 있다고 생각한다. 1960년대까지만 해도 인간을 행동주의적인 관점, 즉 자극-반응의 관점에서 바라보는 태도가 과학적 심리학 분야를 지배하고 있었다.

오늘날 사람들은 암 병동에서 진단과 치료를 받는다. 의학은 계속해서 발전하고 있으며, 암 환자 생존율은 점점 높아지고 있다. 암 환자의 생존율이 가장 크게 개선된 계기는 조기 진단 기술이 진보했기 때문이다. 동시에 치료법 또한 더욱 정확해졌다. 1990년대만 하더라도 암 환자들은 원칙상 종양 병동에서 홀로 두려움과 싸워야 했다. 환자들은 불안, 우울, 분노, 일말의 희망 등을 느끼며 극한의 공포를 경험해야 했고, 어느 순간에는 죽을 수도 있다는 생각에 의식을 집중할 수밖에 없었다. 그때는 이런 환자들을 전문적으로 돌보는 서비스는 거의 없었다.[3] 이런 환자는 더 이상 모든 것이 예전 같지 않다. 암 진단을 받기 전에는 수년, 수십 년 앞을 내다보고 세웠을 계획도 며칠 혹은 몇 주 단위로 세우게 된다.

지난 수십 년간 학자들은 정신-종양학적 치료법이나 정신 치료법을 일상적인 치료에 체계적으로 도입했다.[4] 사람이 몸만 치료받아야 하는 환자가 아니라 영혼의 곤경을 겪고 소망을 품을 수 있는 존재로 받아들여진 것이다.

의학 분야는 병을 진단하고 치료하면서 감정적인 측면에도 신경을 집중해야 한다. 많은 사람들이 매일같이 의사에게 털어놓는 '번아웃' 문제나 가정이나 직장에서 받는 지나친 부담을 생각해 보자. 우리는 신체적 질병과 그로 인한 결과 및 삶의 변화 또한 의식적이고 감정적으로, 동기를 부여받아 극복해야 한다. 심각한 질병은 대개 불안과 우울, 실망, 목표 상실과 같은 상태를 동반한다. 어떤 사람들은 새로운 상황에 잘 적응하고 가족이나 친구들에게 따뜻한 위로와 지지를 받기도 한다. 하지만 이것이 매번 일어나거나 효과가 있는 일은 아니다. 그렇기 때문에 병원이나 재활 센터 등은 심리 치료법을 함께 제시해야 한다. 지난 몇 년 동안 여러 트레이닝 센터와 대학 연구소에서는 고통스럽고 힘든 상황을 극복하는 데 도움이 되는 특별한 치료법 한

가지가 활발하게 사용되고 있다. 바로 마음챙김 명상이다.[5]

마음챙김이란 현재라는 순간에 집중하는 것, 즉 현재의 체험에 집중하고 그 집중력을 유지하면서 편안하고 호기심 어린 상태로 자신의 생각과 감정을 관찰하는 것이다. 이때 그것을 평가해서는 안 된다. 현재라는 순간에 집중하기는 매우 간단해 보인다. 하지만 집중력을 끝까지 유지하기란 쉽지 않다. 지금 이 순간에 집중하면 우리는 우리의 몸을 느끼고 주변에서 일어나는 일들을 보고, 듣고, 냄새 맡을 것이다. 그러면 자연스럽게 어떤 생각이나 과거의 기억이 떠오르고, '다음에 뭘 할까?'라는 고민이 생긴다. 그 순간 집중력은 흐트러진다. 과거의 인상이나 아직 결정되지 않은 미래의 계획이 현재에 집중하던 우리의 주의를 다른 곳으로 돌려 버린다.

'나는 지금 이 방의 의자에 앉아, 내 몸을 느끼고, 지금과 여기 외의 다른 것에는 집중하지 않는다.'

초보자가 이런 상태를 유지하기는 매우 어렵다. 금방 지루함, 동요, 혹은 몸을 긁거나 움직이고 싶다는 충동을 느낄 것이다. 어떤 생각이 머릿속을 스치든 집중력을 다시 붙잡아야 한다. 계속해서 떠오르는 새로운 생각에 사로잡히지 않고 다시 자신에게 초점을 맞추기는 어렵다. 이때 새로운 생각은 아주 평범한 것일 수 있다. 예를 들어 '냉장고에 우유가 있나?' 같은 생각 말이다.

메사추세츠 대학교의 의학 교수인 존 카밧진Jon Kabat-Zinn은 불교 명상 기법을 기반으로 '마음챙김에 근거한 스트레스 완화Mindfulness Based Stress Reduction' 치료법을 개발했다.[6] 환자들은 집중하는 연습을 하면서 자신의 증상을 서서히 받아들이고 마음을 가라앉히는 법을 배운다. 여러 연구를 분석해 보니 고통을 호소하던 환자가 마음챙김 명상법을 배우고 난 다음 고통을 더 잘 극복하는 모습을 볼 수 있었다.[7]

우리는 한편으로 현재의 나 자신 혹은 주변 환경을 더 의식적으로 경험하기 위해 마음챙김 명상을 통해 지금 이 순간에 집중하는 힘을 키울 수 있다. 또 받아들이는 힘도 키울 수 있다. 존재하는 것과 주어진 것을 받아들이고 미래에 대한 걱정을 줄이는 법을 배울 수 있는 것이다. 집중력을 강화하면 생각과 감정을 조절하는 힘 또한 강해진다. 게다가 우리를 갑자기 덮치고 가득 채워 버리는 부정적인 감정이나 어떤 일을 저지른 동료에게 가지는 분노 같은 것과 조금 거리를 두고, 그것을 자세히 관찰할 수 있다.

이런 식으로 감정의 근본 원인을 발견하면 과도한 반응이 바로 표출되지 않도록 막을 수 있다. 자전거를 타다가 자동차에 추월당하더라도 호통을 치거나 화를 낼 필요가 없다. 자신의 감정을 받아들일 준비만 충분히 했다면 불쾌함과 스트레스를 줄이고 내면의 평화를 누릴 수 있다. 이때 지금 상황이 어떤지 의식적으로 지각하는 것이 가장 중요하다. 과거에 어땠는지, 앞으로 어떤 일이 일어날지는 지금 당장 일어난 일, 즉 현재의 실제 상황이 아니다. 바로 지금 이 순간의 상황만이 의식적인 경험으로서 가치가 있다.

많은 사람들이 마음챙김 명상을 터무니없다고 여길지 모른다. 그렇지만 이를 주제로 한 연구는 매우 진지하고 객관적이다. 의학 분야의 궁극적인 목표는 환자의 질병을 치료하고 증상을 완화하는 것이다. 수많은 의학적 심리학* 분야의 연구 결과는 마음챙김 명상이 환자들의 고통 수용 능력 향상, 스트레스 예방, 연령 증가에 따른 사고력 저하 완화, 금연에 따른 금단 증상 완화 등에 도움이 되었음을 증명한다. 이것은 마음챙김 명상의 긍정적인 효과 중 극히 일부일 뿐이다. 마음챙김 명상을 한 사람들에게서는 지각 능력, 사고력, 집중력 향상은 물론 불안 및 우울함으로 인한 감정적 반응 저하, 뇌의 변화 등이 관찰되었다.[8]

헤이 주드, 3초의 마법

그렇다면 도대체 현재에 집중한다는 게 무슨 뜻일까? 현재의 순간, 찰나, 혹은 지금이라고 말할 때 우리가 뜻하는 것은 무엇인가? 경험은 지금이라는 존재다. 우리가 무언가를 보고, 듣고, 느낄 때, 우리는 그 순간, 즉 지금을 체험한다. 그러나 지금 현재는 다음 순간에 과거가 된다. 이것이 감각된 시간의 흐름이다. 우리는 사건을 예측하고 경험한다. 조금 지나면 그 사건은 과거가 된다. 결국 우리가 경험하는 것은 지속이다. 인간은 늘 현재라는 순간을 사는 존재라고 할 수 있다. 어떤 사건과 경험의 상태는 계속해서 바뀐다. 처음에는 아직 일어나지 않은 것으로서 기대되다가, 현재의 것으로 경험되다가, 과거의 것으로 기억에 남는다. 그럼에도 우리의 경험 자체는 현재라는 순

---

* Medical psychology, 의학과 심리학 분야의 지식을 종합해 심리 진단, 치료 등을 연구하는 학문 분야

간에 매여 있다. 인간이란 연속하는 순간을 사는 존재라는 말도 있듯이, 우리는 지금 이 순간과 그다음 순간을 계속해서 경험한다. 어쩌면 어떤 사건이 아직 정해지지 않은 미래, 지금 경험되는 현재, 그리고 과거로 흘러가며 지속적으로 '지금'에 존재함으로써 우리의 의식적인 경험이 결정된다고 표현하는 편이 더 적절할지도 모르겠다. 미래의 계획이나 기대, 과거의 추억은 기억력의 도움으로 언제든 '현재'가 될 수 있다. 이것은 현재라는 시간을 특별한 상태로 보아야 하는 또 다른 근거다.[9] 아우구스티노 성인은 기원후 400년경에 이렇게 말했다.

> "엄격히 따지자면 세 가지 시간이 있다. 과거의 현존, 현재의 현존, 그리고 미래의 현존이다."[10]

우리의 경험을 분석해 보면 지각과 시간적 특성은 명백하게 연관이 있다. 즉 시간을 지각한다는 것은 시간적인 특성과 리듬, 그리고 움직임을 인식하는 것이다. 우리의 경험은 근본적으로 시간적 특성에서 생겨난다. 이때 시간적 특성이란 어느 정도 지속되어야 한다. 그렇지 않으면 우리가 그것을 파악할 수 없기 때문이다. 이제 우리는 이 세상의 역학적인 모습을 알 수 있다. 우리가 현재 경험하는 것에는 지속성이 있다.[11] 음악의 멜로디는 음악학적 법칙에 따라 구성된 여러 음표로 만들어진다. 우리가 발화된 언어를 인식하려면 여러 단어가 모여 문장이 구성되어야만 한다. 단 하나의 소리나 단일 음성에도 시간적 범위가 있는데, 그 말은 지각의 구성 요소가 어느 정도 지속적이어야 한다는 뜻이다. 그렇지 않으면 사람이 그것을 지각하지 못한다.

철학자 몇몇이 현재라는 시간은 시간의 연장일 뿐만 아니라 에드문트 후설Edmund Husserl의 '시간 의식'이라는 개념에도 의존한다고 주장했다. 시간 의식은 지금이라는 시간성이 막 지나간 과거와 곧 일어날 미래까지 포함한다는 것이다. 미국의 철학자인 댄 로이드Daniel Lloyd가 제시한 예시가 있다. 영국의 밴드인 비틀즈The Beatles를 아는 사람이라면 그 그룹의 노래인 '헤이 주드Hey Jude'에서 폴 매카트니Paul McCartney의 "헤이Hey"라는 목소리만 들어도 그다음에 곧바로 "주드Jude"가 나오리라 예상한다. 즉 '주드'라는 목소리는 나오지 않았음에도 마치 현재 그 소리가 들린 것처럼 느낀다. '주드'라는 목소리가 실제로 나왔을 때 '헤이'는 이미 과거의 소리지만, 그 공간의 물리적인 대기 진동으로 증명하지는 못하더라도 아직 그 소리가 들리는 것만 같다.[12]

우리는 '헤이 주드'라는 노랫말을 하나로 인식한다. '주드'라는 가사에만 집중하더라도 그 앞에는 항상 '헤이'가 있다. 그러나 여러 음성 현상을 임의로 더 늘려서 통합할 수는 없다. '헤이 주드'의 결속은 '헤이 주드, 돈 메이크 잇 배드Hey Jude, don't make it bad'의 결속보다 훨씬 강하다. 가사의 첫 줄은 몇 분 뒤에 나오는 마지막 줄과 절대 동시에 존재할 수 없다. 자연적인 시간의 한계 때문에 통합이 불가능한 것이다.

에른스트 푀펠의 분석에 따르면 다양한 문화권의 음악과 시를 살펴본 결과 시간적 단위가 대략 3초 동안 지속된다고 한다. 어떤 시나 노랫말에서 발화되는 구절의 단위가 3초보다 더 길게 이어지지는 않는다.[13] 매우 복잡한 음악에서도 3초 이론의 예시를 다수 찾을 수 있다. 그 유명한 베토벤 교향곡 제5번 '운명'을 떠올려 보자(G—G—G—E♭). 시구와 음악에서 반복적으로 전개되는 주제는 전체 작품 내에서 자연스러운 단위를 구성한다. 음을 오래 끄는 음악적 파노라마를 만들어 내는 루이지 노노Luigi Nono 같은 현대 작곡가들은 반대로 독특한 미학적 인상을 만들어 낸다. 이는 음이 3초 지평을 넘어 확장되기 때문이다.[14] 푀펠은 예술에서 찾을 수 있는 이와 같은 3초 리듬의 예시가 뇌의 근본적인 메커니즘, 즉 지각과 행동으로 개별적인 '지금'이라는 시간 단위를 구성하는 기반을 보여 준다고 말했다.[15]

시인이나 작곡가들만이 '3초 지속'이라는 시간적 정보 처리에 능통하다는 뜻은 아니다. 그보다는 사람에게 내재된 신경생리학 기준 때문에 예술가들의 미적 감각에는 3초라는 시간으로 나눈 시구나 문장이 가장 아름다워 보인다고 생각하는 편이 좋다.

우리의 경험은 보통 시간적으로 그리 엄격하게 구분되지 않으며 예술 분야의 예시는 특수한 경우라고 반박하는 이들도 적지 않을 것이다. 3초 단위의 경험을 발견하려면 매우 정교한 분석이 필요하기 때문에 그 점을 고려하면 옳은 말이다. 그럼에도 우리는 3초 박자를 뒷받침하는 일상생활 속 증거를 직접 찾아낼 수 있다.

시간이 우리의 지각 능력에 통합되어 있다는 사실을 가장 두드러지게 보여 주는 것이 바로 메트로놈* 인지도 모른다. 물리학적으로 보자면 메트로놈의 막대가 규칙적으로 왕복 운동을 하면서 박자와 소리

---

* 음악가들이 박자를 맞춰 규칙적인 마디를 만들어 내는 데 사용하는 기계

를 만들어 낸다. 청자는 연이은 소리(똑-똑-똑-똑)를 자동으로 같은 그룹으로 묶어 청각적 단위(똑-딱, 똑-딱)를 만든다. 메트로놈 박자의 빈도에 따라 1-2, 1-2 혹은 1-2-3, 1-2-3 등의 개별적인 박자 형태가 만들어진다.

물리학적 시각에서 이 형태는 실제로 존재하지 않는다. 박자의 속도를 다양하게 변화시키다 보면 청자가 1-2, 1-2, 1-2의 박자 형태를 들을 수 있는 시간의 최대 한계가 드러난다. 그리고 그 한계는 2, 3초 사이다. 그 한계에 약간 못 미치는 시간 간격에서도 청자가 하나의 그룹으로 들을 수 있는 박자 형태가 있다. 그런데 박자 사이의 간격이 3초를 초과하면 각기 다른 소리가 이어지는 것처럼 들린다. 그 말인즉, 뇌가 시간을 통합하는 능력, 주변 환경의 자극을 하나의 형태로 구성하는 능력의 한계가 최대 3초라는 뜻이다.

물론 최저 한계도 있다. 박자가 너무 빠르면, 사람은 연속적인 소리를 들을 수는 있지만 그것을 하나의 그룹으로 묶거나 음을 강조하지 못한다. 각 박자 사이의 간격이 250ms(4분의 1초) 이하이면 네다섯 개의 박자를 하나의 그룹으로 묶는 능력이 발휘되지 않는다. 그러므로 청각적 사건을 지각적 패턴으로 통합하는 능력의 한계는 4분의 1초에서 2~3초 사이다.

시각적으로 지각한 내용의 시간을 분할하는 것도 이와 비슷하다. 이를 알아보려면 매우 특수한 도구, 바로 가역도형*이 필요하다. 이것

---

* 동일한 그림이 보는 관점에 따라 다르게 보이는 것. 다의도형이라고도 한다.

은 두 가지 해석이 가능한 그림이나 기호를 말한다. 가장 유명한 것이 네커의 정육면체*인데, 이것은 오른쪽 위에서 볼 때와 왼쪽 아래에서 볼 때 각기 다르게 보인다. 두 사람의 옆얼굴 혹은 잔으로 보이는 착시 그림인 루빈의 잔도 잘 알려져 있다. 토끼 - 오리 그림 또한 관점에 따라 토끼 혹은 오리로 보인다.

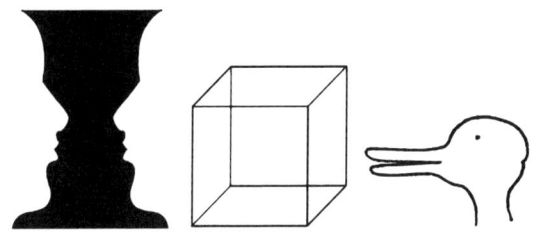

관점에 따라 각기 다르게 보이며 시각적 착시를 유발하는 그림들이다. 루빈의 잔, 네커의 정육면체, 토끼-오리 그림

철학자 루트비히 비트겐슈타인Ludwig Wittgenstein은 이 그림과 다른 여러 그림을 이용해 우리가 관점에 의존해야만 이 세상을 바라볼 수 있다는 점을 보여 주었다. 이 세상을 한 가지로 묘사할 방법은 없으며, 우리는 세상의 각기 다른 측면을 고려해야 한다. 관점에 따라 여러 가지 묘사가 존재할 수 있기 때문이다. 착시가 발생하는 근본 과정에 관심이 있는 심리학자들이 실험을 진행했다. 이들은 실험 참가자들에게

---

* 스위스의 학자 루이스 네커가 고안한 착시 그림이다.

착시 그림을 보는 중 관점을 바꾸는 데 성공하면 그 순간 버튼을 누르라고 말했다. 그 결과 이때도 3초마다 관점이 바뀌었다.[16] 대략 3초마다 관점이 바뀌어 오리가 보였다가, 토끼가 보였다가, 다시 오리가 보이는 셈이다.

결국 이러한 실험이 증명하는 바는 지각 및 운동의 시간 통합 메커니즘은 2에서 3초 사이로 지속된다는 점이다. 이 메커니즘은 각각의 사건을 정신적이고 시간적인 형태로 통합한다. '지금'이라는 순간은 지속적이다. 분할된 시간 내에서 지각이 발생한다는 사실은 여러 실험에서 드러났다. 그뿐만 아니라 사람들 사이의 언어적 및 비언어적 대화나 자유로운 연설, 악수를 하는 데 걸리는 시간 같은 인간의 행동을 관찰하거나 인간이 만든 예술 작품을 살펴보면 3초라는 단위의 근거를 무수히 찾을 수 있다.

우리는 주변 환경에서 시간적으로 잘게 나뉜 지각의 파편이 아니라 특정한 지속 시간 동안 시간적으로 서로 연관이 있는 패턴을 인식한다. 목표를 향해 나아가는 우리의 움직임 또한 지속적이다. 사람 사이의 의사소통은 부분의 연속으로 완성된다. 화자는 언어 정보를 단위로 묶고, 청자는 그것을 같은 방식으로 지각한다. 언어적 의사소통은 계속 이어지는 3초 박자에 따라 진행된다. 대화 상대인 두 사람이 연속된 부분의 도움으로 상호 작용 하기 때문에 서로 공통된 리듬을 만들어 낼 수 있고, 의사소통은 큰 어려움 없이 흘러간다. 엄마와 아기 사이의 상호 작용을 분석한 결과, 엄마와 아기들은 대략 2초 정도 지속되는 음성 단위를 규칙적으로 서로 교환했다.[17] 사람이 의사소통

할 수 있는 이유는 공통된 시간 구조가 지배적이기 때문이며, 이 시간 구조 내에서 서로 동시성을 갖기 때문이다. 두 사람은 의사소통을 하면서 현재라는 시간을 공유한다는 말이다. 두 사람이 공유하는 현재라는 시간 플랫폼은 의사소통에 이용된다.

3초가 넘는 시간을 기억하려면

최대 3초까지 지속되는 현재라는 시간은 우리가 경험하는 현세의 구성 요소다. 사람이 순간을 거치며 산다고 말할 때의 순간이란 짧은 시간의 지속이다. 사람은 지금 다음에 오는 지금, 또 다음에 오는 지금을 산다. 우리는 우리가 마치 지금이라는 순간으로 구성된 창문이 슬라이드처럼 연속해서 움직이는 시간을 살고 경험한다고 느낄 수도 있다. 그런데 우리가 스스로를 복잡한 세상의 행위자로 인식하기 위한 지각과 행동의 시간적 구성 요소라고 보기에는 이 순간의 지속이 너무 짧다. 현재라는 감각, 즉 우리 스스로가 세상에서 행위를 하는 존재라는 감각, 그 경험은 3초라는 시간 단위로 제한될 수 없다. 그렇기 때문에 이제 우리는 '단기 기억'이나 '작업 기억'을 살펴보아야 한다. 이 기억들은 아주 짧은 여러 순간을 더 광범위한 전체로 연결하는 능력이다. 예를 들어 어떤 작가가 주인공의 지각과 기억, 소망 등을 언어로 묘사하고자 한다면, 그것은 3초라는 짧은 간격으로 지나가는 슬라이드 창문으로는 완성할 수 없다. 의식의 흐름은 지금 느끼는 감각이라는 기본적인 단위로 구성되지만 이 세상의 행위자인 우리의 경험은 그 한계를 훨씬 뛰어넘기 때문이다.

우리는 언어 능력과 서사적 자아[*]를 가지고 있다. 스스로를 경험하고 이해하려면 우리는 자신이 누구인지, 무슨 일을 하는지, 무엇을 원하는지 등 자신에 관한 이야기를 준비한다. 그런데 이런 이야기가 만들어지기까지는 시간이 필요하다. 순간을 경험하는 것보다 더 고차원적인 수준에서 우리는 꾸준히 지속을 경험하는데, 여기에는 기원의 순간과 미래의 잠재적인 행동이 포함된다. 개인적인 역사와 미래에 영향을 미칠 수 있는 능력, 지속적인 자아라는 감각이 우리를 인간으로 정의한다.[18]

그 근본에 놓인 인지 과정과 관련해 작업 기억은 경험의 개별적인 순간 사이에 시간적 다리를 만들고, 고유한 자아가 이 세상에 연속해서 존재한다는 감각을 탄생시킨다.[19] 작업 기억은 지금 경험된 것들을 통합할 뿐만 아니라 짧게는 몇 초부터 길게는 몇 분이나 지난 경험과 생각들을 처리한다. 생각을 이어 가다가 직장 동료에게 잠깐 질문을 받아서 생각이 끊긴다 하더라도, 우리는 그 생각을 다시 이어 갈 수 있다. 예를 들어 30초 동안 생각이 중단된다고 하더라도, 우리는 그 생각을 잊어버리지 않는다. 각각의 순간은 지금 시작돼 짧은 시간 동안 지속된다. 우리는 정신적인 현재 또한 경험한다. 정신적인 현재는 이미 지나간 여러 순간을 포함하는데, 이것은 단기 기억의 범위 내에 존재한다.

작업 기억은 정신적 현재라는 시간 지평을 만든다. 이 시간 지평

---

[*] Narrative self, 자신의 삶을 하나의 이야기로 이해하는 것. 장기 기억에서 나온다.

내에서는 서사적 자아의 의식 경험이 시간 흐름에 따라 연속적으로 이어진다.

순행성 기억상실증[*]을 앓는 환자들은 정신적으로 현재, 즉 몇 분만 지속되는 시간의 섬에 사는 사람들이다. 이들은 단기 기억은 멀쩡하지만 작업 기억에서 모은 정보를 저장해 장기 기억으로 바꾸는 것이 불가능하다. 이런 환자들은 대개 정해진 시간 내에 과제를 해결해야 하는 인지 능력 테스트에서는 눈에 띄지 않는다. 그러나 특정한 뇌 구조가 손상되었기 때문에 의식적인 경험을 장기 기억으로 전환하지 못한다. 의사가 환자에게 신경학적 장애라는 가혹한 현실을 설명한다 해도 환자를 덮친 슬픔이나 충격은 장기 기억에 저장되지 않으므로 몇 분 후면 사라진다. 그렇지만 이 환자들은 새로운 기억을 장기 기억에 저장하지는 못해도 현재라는 그들의 정신적 시간 범위 내에서는 어떤 과제든 해결할 수 있다.[20]

인생 최고의 순간

많은 사람들이 '더 의식적으로 살고 싶다'고 소망하는 이유는 분명 지금 이 순간을 즐기지 못한다는 사실을 스스로 인식하고 있기 때문일 것이다.[21] 우리는 대부분 현재를 충실히 살지 못한다고 느끼며 경험도 부족하다고 느낀다. 실제로 살아 보지 못한 삶이 곁을 스쳐 지나

---

[*] 뇌가 손상되기 전에 일어났던 사건은 기억할 수 있지만, 손상 이후에 접한 새로운 정보는 기억하지 못하는 현상

가는 기분도 든다. 아무런 의미도 없는 경험이 왔다가 사라진다. 특별한 사건이 생기면 우리는 기뻐하지만, 나중에 돌이켜 보면 온 마음을 다해 공감할 겨를도 없이 사건이 지나갔다고 느낀다. 순간은 우리가 바라는 것처럼 의식적으로 지각되지 않는다. 때때로 우리는 뒤늦게 한탄한다. "사랑하는 사람과 함께 보낸 시간을 조금 더 의식하고 집중했더라면!" 그 순간을 더 강렬하게 즐겼어야 한다는 후회다. 운명적인 사건을 보면 사람들이 얼마나 생각 없이, 감정 없이 사는지 똑똑히 알 수 있다.

"내가 죽지 않아도 된다면! 삶이 다시 돌아올 수 있다면! 영원할 수 있다면! 모든 것이 내 것이라면! 그러면 나는 모든 순간을 영원으로 바꾸고, 아무것도 낭비하지 않고, 1분 1초를 아까워하며 허투루 쓰지 않을 텐데!"[22]

표도르 도스토예프스키Fyodor Dostoevskii는 소설 《백치》에서 사형을 선고받아 몇 분밖에 남지 않은 삶을 간신히 붙잡고 있는 수감자의 입을 빌려 이와 같이 말했다. 이는 사형을 선고받고 나서 기적적으로 사형을 면하기 전까지 삶의 마지막 몇 분을 사무치게 체험한 도스토예프스키 본인의 경험에서 우러나온 것이었다. 그는 직접 경험한 바에 따라 삶의 마지막 순간이란 '비범할 정도로 뚜렷하게' 지나가며 아무런 의미가 없을 정도로 사소한 일까지도 집중하는 시간이라고 서술했다. 시간 감각 또한 평소와는 전혀 달라진다. 그는 "그 마지막 5분이 헤아리기 어려운 부처럼 끝없이 긴 시간으로 느껴졌다."라고 말했다. 모든 순간이 강렬하게 다가오고 시간이 늘어난 듯한 감각은 사람이 흔치 않은 의식 상태에 빠졌다는 전형적인 징조다. 특히 다른 무엇보다도 그 사람이 바라 마지않았을 경험이 더욱 간절해질 것이다. 이런 의식 상태는 사람이 위험에 처해 극도의 스트레스를 받은 상황(Fight-or-flight response, 투쟁-도피 반응)에 주로 나타나지만, 매우 행복한 순간에 나타나기도 한다. 극도로 위험한 상황이나 행복한 상황에는 흥분이 최고조에 달하며 집중력이 고도로 높아진다.

이런 상황은 극히 드물며 제어하기 어렵다. 암벽 등반가나 스카이다이버 같은 익스트림 스포츠 선수들은 매우 강렬하고 시간이 길어진 듯한 순간을 즐기려고 일부러 위험한 상황을 찾는다. 번지 점프를 할 때도 마찬가지로 우리는 시간이 늘어났다고 느낀다. 마약이 소비되는 이유는 일상생활에서는 경험하기 어려운 특이한 상황에 나타날 법한 강한 흥분과 각성을 순식간에 불러일으키기 때문이다. 직장일과 집안일을 오가는 일상은 어떤 사건에 의식적으로 스스로를 온전히 맡기기에는 너무 고되다. 내부 혹은 외부의 자극 때문에 금방 주의력이 흐트러지지 않으려면 정신을 똑바로 차리고 집중해야 한다. 일상생활에서 강한 감정을 느꼈다고 해도 약물을 통해 얻는 쾌감과는 비교가 되지 않는다.

도스토예프스키의 《백치》 주인공이 사형을 선고받았다가 극적으로 살아나는 경험을 하지 않고 평소와 똑같이 생활했다면 구원에 감사하지 못했을 것이다. 그런데 각성 상태에서 '죽음에 가까워졌던 경험'을 했음에도 그는 나중에 "절대 마음먹은 대로 살지 못했으며 수많은 순간을 낭비"했다.

물론 살다 보면 일상에서도 의식적으로 경험하고 집중하는 순간을 살고 있음을 지각할 기회가 생긴다. 마음챙김이 현재라는 감각에 미치는 효과는 마치 기나긴 휴가를 마치고 집에 돌아왔을 때와 비슷하다. 긴 휴가를 마치고 집에 돌아오면 평소에는 주의 깊게 살피지 않던 일상적인 것들이 마치 마법과도 같은 현재로 바뀐다. 이미 오랜 시간 곁에 두었던 것들임에도 모든 것이 새롭게 느껴진다. 오랜 시간 집을 비웠다가 돌아온 첫날은 언제나 특별하며, 우리는 일상적인 사건과 환경을 더욱 주의 깊게 경험한다. 그다음 날 일상의 감각이 다시 돌아올 때까지 집 근처 모퉁이에 있는 카페나 비에 젖은 익숙한 거리에 특별한 의미가 부여되는 것이다. 만약 우리가 늘 여행에서 갓 돌아온 것처럼 삶에 집중할 수 있다면 삶이 얼마나 더 풍성하고 다채로울까?

호흡한다는 것의 경이로움

현재의 삶에 집중하는 마음챙김을 방해하는 것은 점점 증가하는 다양한 의사소통 방법 및 오락 매체다. 오늘날 모든 사람들은 정보뿐만 아니라 다른 사람에게도 언제 어디서든 쉽게 접근할 수 있다. 컴퓨터 앞에 앉아 문장을 한 줄 타이핑하는 것만으로도 우리는 인터넷에 접근해 정보를 찾고, 규칙적으로 이메일을 받는다. 전화는 끊임없이 울리고, 컴퓨터 화면에 표시된 뉴스는 우리의 눈을 사로잡는다. 배경에서 울리는 음악은 컴퓨터 작업이 막힘없이 흐르듯 보이도록 한다. 같은 시간, 아무도 보지 않는 TV에서는 방송이 이어진다. 오늘날 사람들은 먹으면서 TV를 보고, 조깅하면서 음악을 듣는 데 익숙하다. 사람들이 하는 작업은 계속해서 중단된다. 아니면 아예 처음부터 여러 작업을 동시에 진행한다. 하지만 어떤 것에도 오롯이 집중하지는 못한다. 집중력이 분산될 수밖에 없다 보니 우리의 경험은 덜 집약적이다. 사실 집중력이 분산되기보다는 이 작업에서 저 작업으로 빠르게 옮겨지는 것이지만 말이다. 집중력이 부족해지니 실수가 많아진다. 상사나 연인에게 보내는 이메일은 절대 TV를 보면서 써서는 안 되지만 정신을 차리고 나면 이미 늦은 경우가 많다. 전화 통화를 하다 보면 상대방 쪽에서 키보드를 두드리는 소리가 들려와 기분이 상하기도 한다. 상대방이 나와 하는 대화에 집중하지 않고 인터넷으로 채팅이나 다른 일을 하고 있다는 뜻이기 때문이다.

집중력을 온전히 발휘하지 못하면 충만한 경험을 하기가 불가능하다. 교수이자 작가인 한스 울리히 굼브레히트Hans Ulrich Gumbrecht는 다음과 같이 말했다.

"그것은 현존의 부재다."

굼브레히트가 같은 테이블에 앉아 각자의 휴대전화만 들여다보는 두 커플의 모습을 관찰한 결과야말로 현존의 부재를 잘 설명하는 씁쓸한 예다.[23] 네 사람의 집중력은 그들의 구체적인 현존에서 분리되어 있다. 이때 현존이란 어떤 일에 정신적으로 집중하는 것뿐만 아니라 순간의 구체성에 연결되는 것을 말한다. 현존 경험은 몸과 정신, 공간과 시간이 하나로 통합될 때, 즉 **지금 여기**에서 만들어진다. 굼브레히트는 우리가 스포츠에 열광하는 이유를 두고 스포츠 경기라는 사건에 선수로서 참가하든 관객으로서 참가하든 '강하게 집중할 수 있기 때문'이라고 설명했다. 축구를 예로 들자면 필드에서 공을 따라 뛰는 22명의 선수뿐만 아니라 월드컵 시합을 보는 수백만 명의 사람들이 긴장감 넘치는 페널티 킥에 매료되며 고도의 집중력을 경험한다는 뜻이다.

직접 스포츠를 하며 몸을 단련하면 시간에 따라 움직이며 아주 높은 현존 감각을 느낄 수 있다. 우리가 스포츠를 할 때 경험하는, 자기 자신과 스스로의 몸이 아주 가까워졌다는 감각은 현존의 순간에 발생한다. 과거의 실수나 앞으로의 성공 가능성은 제쳐 두고 지금 현재 자신의 움직임에 집중하는 사람만이 뛰어난 운동선수가 될 수 있다. 그래서 스포츠 심리학자들은 선수들에게 현존 의식을 훈련시킨다.

현존이란 신체, 감각, 생각, 그리고 감정을 포함하는 포괄적인 감각이며 모든 것이 고요할 때 생겨난다. 카르투지오회 신학자이던 발마의 후고Hugo de Balma는 어떻게 하면 명상으로 지복직관이 가능한지 조언했다.[24]

> Si quaeritur: Quid ergo cogitabo, cum de Deo cogitare non debeam, nec de angelis? Dicendum quod solum aspirabit, non cogitabit.
> 만약 누군가가 "신이나 천사에 대해 생각해서는 안 된다면, 무엇을 생각해야 하는가?"라고 묻는다면 나는 이렇게 답할 것이다. 생

각하지 말고 그저, 숨을 쉬면 된다.

호흡에 집중하는 것만으로도 우리는 신비를 경험할 수 있다. 발마의 후고는 날카롭게 벼려진 지성과 지식만으로는 지복직관을 경험하는 데 충분하지 않다고 주장했다. 오히려 그저 들숨과 날숨에 주의를 기울이는 것이 더 고차원적인 경험으로 가는 올바른 길이라고 했다. 호흡의 리듬에 신중하게 빠져들고, 고요함에 집중하는 행동은 마음챙김 명상 방법이기도 하다. 호흡이란 영혼이 깃든 육체의 존재를 느끼는 활동이다. 폐가 호흡 운동을 하는 리듬이야말로 순간의 이어짐이기 때문이다. 이완된 호흡을 한 번 할 때 걸리는 시간이 대략 3초 정도인 것은 우연이 아니다. 한 번의 호흡 주기는 우리가 경험하는 순간의 지속과 정확히 일치한다.

4
....
왜
시간이 필요할까?

················· 시간 지속이라는 감각은 대개 '오류 신호'로 작용한다. 예를 들어 음식이나 버스를 기다리는 시간은 영원히 지속될 것만 같지만, 사실 인간이 시간 지속을 비교적 정확하게 느낄 수 있는 범위는 고작해야 몇 초, 최대 몇 분 정도다. 한편 우리 내면에서 발견된 시계는 오로지 일주기 리듬뿐이다. 이것은 하루 동안 신체적, 정신적 흐름이 체계적으로 변동하는 과정을 말한다. 사람들의 크로노 타입, 즉 일주기 리듬에 따라 하루 중 언제 가장 수행 능력이 좋고 나쁜지는 저마다 다르다.

　　우리는 언제 '시간'을 느낄까? 우리는 어떤 상황에서 시간의 흐름을 지각할까? 어떤 때는 생각지도 못했는데 몇 시간이 훌쩍 지나 있기도 하다. 우리가 시간을 의식적으로 경험하는 전형적인 상황이 바로 대기 시간, 즉 간절히 소망하는 어떤 것을 기다리는 시간이다. 학생들을 떠올려 보자. 화창한 날씨, 봄 내음이 물씬 풍기는 날 교실에 앉아 수학 수업을 듣는 중 시계를 힐끔거리며 15분 앞으로 다가온 종례 시간을 기다리는 학생들 말이다. 이들은 학교가 끝나면 곧장 집으로 가 밥을 먹을 것이다. 남은 오후 시간은 오롯이 친구들과 노는 자유 시간이다.

　　한 학생이 오후에 뭘 할지 떠올리며 딴생각을 하다가 다시 수업에 집중한다. 동급생 한 명이 칠판 앞에 나가 방정식을 풀고 있다. 불안한 눈빛으로 다시 시계를 보자 종례 시간까지 아직도 14분이나 남았다. 마치 시간이 늘어나기라도 한 것처럼. 시계를 본 지 꽤 오래 지났다고 생각했는데 겨우 1분밖에 지나지 않았다. 시간이 달팽이처럼 지나간다. 시간의 흐름을 느끼고 있자니 좀이 쑤시고 배는 점점 더 고파 오고 변수와 숫자가 쓰인 교과서는 더 이상 쳐다보고 싶지도 않다. 다시 시계를 본다. 종례까지 13분 남았다.

또 다른 예시가 있다. 이번에는 미국을 찾은 프랑스인 여행객들과 프랑스를 찾은 미국인 여행객들의 예시다. 프랑스와 미국은 시간 문화가 극단적으로 다른 두 나라다. 프랑스인 커플이 로스앤젤레스의 레스토랑을 찾아 고급 저녁 식사 코스를 주문한다. 두 사람이 연인 간의 깊은 대화를 채 시작하기도 전에 웨이터가 첫 번째 전채 요리를 들고 테이블로 다가온다. 프랑스인들의 시간 감각으로는 너무 빠르다. 한편 미국인 커플이 보르도에 있는 레스토랑에 들어간다. 주문은 이미 끝냈고, 대화도 어느 정도 무르익었고, 테이블 위의 바게트도 다 먹어치웠으며 배가 고파 죽겠는데 요리가 나오지 않는다.

"우리를 잊어버렸나 봐!"

프랑스에서는 미국인들이 예상한 시간보다 훨씬 나중에 요리가 나오기 시작한다. 이 두 가지 경우 모두, 레스토랑의 손님들은 시간을 의식한다. 이때 시간 지각은 오류 신호로 작동하며 뭔가가 잘못됐다는 경고를 보낸다.

엘리베이터나 건널목 신호를 기다릴 때는 2분도 너무 길게 느껴진다. 앞차가 갑자기 천천히 후진 주차를 한다면 정작 실제로 걸리는 시간은 몇 초이더라도 더 길게 느껴질 것이다. '왜 하필 지금 여기서 주차를 하지?'라는 짜증도 절로 들 것이다. 오류 신호로 작동하는 시간 감각은 행동을 불러일으킨다.

점심시간, 회사 건물의 엘리베이터가 인원 초과로 자신이 일하는 층에 멈추지 않는다면 사람들은 계단을 이용할 것이다. 하지만 다른 대안으로 빠져나가지 못하고 꼼짝없이 기다려야만 하는 상황도 있다. 예를 들면 고속도로 정체 상황이다. 이런 상황에서는 대부분의 사람들이 짜증이나 분노를 느낀다. 심지어 어떤 사람들은 공격성이 높아지기도 한다. 거기에 충동성이 더해지면, 이들은 공격성을 행동으로 드러낸다. 충동적인 사람들은 어떤 사건의 지속 시간을 실제보다 더 길게 추정한다. 시간 속에 갇혔으니 빠져나가야만 한다는 충동과 내면의 공격성이 만나면 그 사람은 상황에서 벗어나고자 폭력을 휘두르고 만다.

2007년에 미국 AP 통신이 캘리포니아에서 일어난 극단적인 사건을 보도했다.[1] 도로 확장 공사를 하고 있어 그곳에 발이 묶여 있던 운전자들이 공사 노동자들에게 위해를 가한 사건이다. 당시 근처를 지나는 운전자들은 정체를 자주 겪었다. 공사가 길어지자 몇몇 운전자들이 계속해서 노동자들을 협박하거나 그들에게 부리토 같은 음식물을 던졌다. 심지어는 총기를 발사하기도 했다. 한 남성은 차로 달려들어 노동자를 치려고 하다가 곧 체포됐다. 캘리포니아 교통부의 대변인은 이 사건을 언급하며 운전자들의 시간 감각을 설명했다. 너무 오래 기다리면 사람들이 인내심을 잃고 과민 반응을 보이는 경향이 있다는 것이다.

이것은 말 그대로 극단적인 사건이다. 하지만 이 사건은 시간 지각이 감정과 얼마나 강력하게 결속해 있는지, 어느 정도로 극적인 반응을 이끌어 낼 수 있는지를 명확히 보여 준다. 물론 이 기사와 관련해 문화적인 배경을 논의해 보아야 한다. 일본인이 보기에 캘리포니아 운전자들의 반응은 낯설 것이다. 어느 실험 결과를 비교하자, 미국인 학생들은 일본인 학생들에 비해 미래에 받을 것으로 예상되는 보상의 가치를 더 낮게 평가했다.[2] 이는 미래의 사건을 기다릴 때 일본인들이 미국인들에 비해 평균적으로 인내심이 더 강하다는 뜻이다.

전 세계 사람들은 지역마다 시간의 경과와 인생이 흘러가는 속도를 평가하는 방식이 다르다. 미국의 사회심리학자인 로버트 레빈Robert Levine은 자신의 저서 《시간은 어떻게 인간을 지배하는가》에서 이 내용을 흥미롭게 설명했다.[3] 이 책에 따르면 선진국 사람들과 개발도상국 사람들, 날씨가 온건한 북반구 국가 사람들과 열대 지역 국가 사람들, 도시에 사는 사람들과 농촌에 사는 사람들, 대도시에 사는 사람들과 소도시에 사는 사람들 사이에도 시간 감각의 차이가 나타났다. 이것은 전 세계 각기 다른 수십 개 국가의 실험 참가자들을 대상으로 진행한 연구에서 얻은 경험적인 결과다.

레빈은 각기 다른 국가 출신의 학생들을 대상으로 걷는 속도와 우체국 창구에서 우표를 사는 데 걸리는 시간을 측정했다. 그 결과 가장 속도가 빠른 문화권은 북반구 선진국의 대도시였다. 이 지역 사람들은 시간 엄수를 매우 중요하게 생각했고, 다른 지역의 사람들보다 더 빨리 움직였으며 시간에 쫓긴다고 느끼거나 기다리는 시간을 참지 못하는 빈도도 잦았다. 또 다른 극단적인 예시가 바로 적도 부근에 위치한 국가의 농촌 문화권이다. 이곳 사람들은 절대 서두르는 법이 없었고 모든 일을 천천히 했다. 공공장소에 있는 시계 중 대부분은 고장 났고 사람들은 언제나 여유롭게 차나 커피를 마시며 동행인과의 대화를 즐겼다. 이처럼 문화는 정치, 경제, 역사적 조건뿐만 아니라 그 지역의 사람들이 시간을 어떻게 생각하고 어떤 주관적인 시간 경험을 하는지도 결정한다.[4]

레빈은 사건 시간과 시계 시간을 분석했다. 사건 시간의 문화에서는 사람들이 사건의 흐름에 따라 움직인다. 예를 들어 타인과 만나려면 어떤 사건이나 활동, 대화나 식사 등이 끝나야 만날 수 있다. 시계 시간 문화에서 생활하는 사람들은 약속 시간이 다가오면 그 시간을 엄수하려고 하던 일을 중단한다. 이렇듯 인간의 행동이 정확한 시계의 시간에 따라 움직이기 시작하면서 산업화 또한 빠르게 진행되었다. 시계에 맞춰 생활하면 일의 흐름을 효율적으로 통제할 수 있다. 시계 시간을 철저히 지키는 사회는 그렇지 않은 사회에 비해 경제적으로 훨씬 부유하다. 상인들이 더 이상 '일출 후 조금 지난 시간'에 만나는 것이 아니라 정확히 저녁 7시 30분에 만나기 때문이다. 일터에서는 출퇴근 시간을 기록하는 카드로 노동자들이 출퇴근 시간을 정확히 지키도록 관리할 수 있다. 그러나 이런 경우 각기 다른 시간 문화권에서 살다 온 사람들은 서로 간의 약속을 지키지 못할 우려가 있다. 갈등은 이미 예정된 것이다.

얼핏 보기에 기업의 사장들은 시계의 시간을 강력하게 지향한다. 기업의 리더들끼리 만날 때는 시간 엄수가 필수다. 회사 상사들은 부하 직원들이 시계 시간을 잘 지켜 일하기를 바란다. 하지만 이것은 누가 사건의 시점을 조정할 정도로 권력을 갖고 있느냐의 문제일 뿐이다. 일반 직원들이 사장과 하는 회의 시간에 10분 늦는 것은 용납되지 않는다. 반면 사장은 전화 통화를 끝내고 비서에게 주식 관련 정보를 정리해 두라고 지시한 다음 느지막이 회의실에 나타나도 된다. 권력이 있으면 남들을 기다리게 만들 수 있다.

시간의 흐름을 느끼는 법

시간 지각이란 흐르는 시간을 너무 늦거나 너무 빠르다고 판단하는 개개인의 감각을 말한다. 지루할 때나 누군가를 손꼽아 기다릴 때는 시간이 너무 천천히 흐른다. 기분이 좋고 즐거울 때는 시간이 너무 빨리 흐른다. 사랑하는 사람을 만나러 가는 기차 안에서 보내는 90분은 늘어진 엿가락 같을 테고, 흥미진진한 영화를 보는 90분은 쏜살같이 지나갈 것이다. 그래서 기차에서는 노트북을 들여다보고 있는 사람이 많다. 노트북으로 영화를 보면 시간이 조금 더 빨리 흐르는 것처럼 느껴지기 때문이다.

이 예시에서 시간은 불특정한 감각이다. 누구에게나 똑같은 시간이지만 어떤 사람은 '너무 오래 걸려.'라고 생각하고, 어떤 사람은 '너무 빨리 지나가서 아쉬워.'라고 생각할 수 있다. 일상생활 속에서 시간 지각이 어떻게 활발해지고 우리가 시간이라는 현상을 어떻게 경험하는지는 독일의 시인 크리스티안 모르겐슈테른Christian Morgenstern의 시에 잘 드러난다.

시간

시간의 옷자락을 붙잡는
가장 확실한 방법
회중시계를 손에 쥐고
두 바늘의 여정을 지켜본다
그러면 시곗바늘은 천천히
말 잘 듣는 양처럼 온순하게
생시르의 아가씨처럼 우아하게
한 발 한 발 내딛는다
그런데 잠시 몽상에 빠질 때면
시곗바늘은 타조의 다리처럼
퓨마의 달리기처럼
훌쩍 뛰어간다
시계를 다시 내려다보니
아아, 이리 고약할 수가!
순진무구한 미소를 띠고
다시 우아한 시간이 흐른다

익살스러운 옷을 입고 있기는 하지만 핵심은 다음과 같다. 우리가 시간에 집중하면 시간은 느리게 흐른다("말 잘 듣는 양처럼"). 우리가 다른 데에 신경 쓰느라 시간에 집중하지 않으면 시간은 빠르게 흐른다

("타조의 다리처럼 퓨마의 달리기처럼"). 특정한 상황에서는 몇 시간이 몇 분처럼 지나가기도 한다.

이는 미국의 심리학자 미하이 칙센트미하이Mihaly Csikszentmihalyi가 주장한 몰입Flow 상태일 때 자주 발생하는 경험이다.[5] 행복감에 빠졌을 때도 이런 경험이 발생한다. 몰입이라는 감각은 사람이 고도로 집중해 과제를 수행하며 자기 목적을 달성하고자 할 때, 그리고 자신의 능력이 그 과제를 해결하는 데 넘치지도 부족하지도 않을 때 생겨난다. 예를 들어 중요한 글을 쓰거나, 집중해서 퇴고하거나, 새로운 아이디어를 구상하거나, 밴드에서 음악을 연주할 때 말이다. 이때 수준 높은 기술, 고도의 집중력, 동기 등이 함께 작용해야 까다로운 과제를 물 흐르듯이 수행할 수 있다. 한 가지 일에 몰두할 때 사람은 시간에 신경을 쓰지 않는다. 그리고 시간은 마치 존재하지 않는 것처럼 흐른다. 몰입 상태에서 활동을 끝낸 사람은 자각하지 못한 채 날이 어두워진 것을 봤거나 날이 밝아오는 것을 보고 깜짝 놀란다.

그렇다면 우리는 어떻게 물리적인 시간이나 시계로 측정한 시간과 비교해 시간의 흐름을 가늠할까?

심리학과 학생으로 구성된 실험 참가자들을 대상으로 전형적인 시간 지각 과제를 수행하는 실험이 진행되었다. 이들은 특정한 시간 동안 지속되는 청각적 혹은 시각적 자극을 받고 시간의 경과를 짐작해야 했다. 연구진은 자극을 먼저 가한 다음, 실험 참가자들에게 본인이 자극을 느낀 시간만큼 버튼을 계속 누르고 있으라고 지시했다. 그리고 지속 시간이 다른 청각 자극을 두 가지 들려준 다음 어느 것이 더 길었는지 답하도록 했다. 기준이 되는 소리는 1초(1,000ms) 동안 지속되었다. 뒤이어 연구진은 1,050ms, 1,100ms, 1,150ms, 1,200ms 등의 비교군을 순서대로 들려주고 실험 참가자들의 답변을 모아 분석해 참가자들이 두 자극 중 어떤 소리가 더 오래 지속되었는지 확연하게 구분하려면 그 차이가 얼마나 커야 하는지 알아보았다. 이는 사람이 시간을 정확히 파악하는 데는 지각의 한계점이 있다는 뜻이다. 이런 방법으로 실험했을 때의 장점은 참가자들이 구두로 "그 소리는 4초 동안 지속되었습니다."라는 식으로 절대적인 지속 시간을 전할 필요가 없었다는 것이다. 그저 자신이 느낀 시간만큼 버튼을 누르고만 있으면 실험 진행자들이 참가자들의 시간 지각 능력을 밀리초 단위까지 알 수 있었다.

자극이 몇 초 정도 지속되는 동안 수많은 참가자들이 자신도 모르게 속으로 숫자를 세고 있었다. 나름대로 시간에 '눈금'을 매겨 비교적 정확하게 시간을 계산하려고 시도했던 셈이다. 이런 행동을 저지하기는 어렵다. 그저 연구진들은 숫자를 세지 말아 달라고 말할 뿐이다. 시간 감각 실험을 진행하면서 아주 간단한 두 번째 과제를 부여해 참가자들이 숫자를 세는 데 집중하지 못하도록 하는 방법도 있지만 그렇게 하면 참가자들이 시간 감각 실험보다 두 번째 과제에 더 몰두할 우려가 있다. 그래도 이렇게 실험한 결과, 참가자들은 주어진 시간, 즉 경험한 시간을 두 번째 과제를 해결해야 했을 때 겪은 시간보다 더 길다고 느꼈다. 다른 데 정신이 팔리면 시간이 짧게 느껴진다.

동물도 시간을 가늠할 수 있을까?

우선 우리가 알고 있는 사실은 다음과 같다. 쥐, 생쥐, 비둘기, 원숭이는 시간을 가늠할 수 있다. 상당히 많은 종류의 동물이 몇 초 정도는 가늠할 수 있다는 점이 이미 실험을 통해 밝혀졌다. 우선 연구진은 15초 후 버튼이나 레버를 누르도록 실험동물들을 훈련시켰다. 이 동물들이 약 15초 후(1, 2초 정도의 오류 포함) 버튼이나 레버를 누를 때만 먹이를 준 것이다. 동물들이 이런 행동을 완전히 인식하고 행하기까지는 대략 열 번에서 백 번 정도 반복해야 했다.[6] 동물들에게는 말로 지시할 수 없기 때문이다. 훈련을 마치고 나자 비둘기는 약 15초가량이 지난 후 버튼을 쪼아 댔고 쥐 역시 비슷한 시간이 지난 후 레버를 눌렀다. 원숭이에게는 특별한 시간 가늠법을 가르칠 수 있었다. 연구진은 원숭이들에게 불빛의 색깔을 신호로 삼아 2초, 4초, 8초 등 각각 다른 시간 동안 버튼을 계속 누르고 있도록 가르쳤다. 불빛이 빨간색이면 원숭이들은 8초 동안 버튼을 눌렀고, 녹색이면 4초, 노란색이면 2초 동안 눌렀다.[7]

생체 시계란 무엇인가?

과학자들이 인간의 시간 경험을 연구한 지 150년이 지났지만 인간이 어떻게 시간의 흐름을 지각하고 구분하는지 명확하지 않다. 모든 이들이 동의하는 결론이 아직 도출되지 않았기 때문이다. 다만 1963년에 옥스퍼드 대학교의 미셸 트레이스먼Michel Treisman이 일종의 생체 시계가 존재한다고 주장하며 최초의 기능적 모델을 제시한 적은 있다.[8] 뇌 속에 있는 페이스메이커(조율기)가 규칙적인 간격으로 맥박을 전달하며, 이 맥박이 일종의 계량기에 모인다는 것이다. 이렇게 계량기에 모인 맥박은 주관적인 시간의 지속을 정의한다. 이 인지 모델을 기반으로 삼으면 사람이 물리적으로 더 긴 시간을 주관적으로도 더 길다고 지각하는 이유를 쉽게 설명할 수 있다. 그가 가정한 계량기에 더 많은 맥박이 모이면 시간이 길게 느껴지는 것이다.

이 간단한 페이스메이커 – 계량기 모델을 계속해서 검토한 연구진은 집중력을 이 모델의 한 가지 구성 요소로 제시했다.[9] 사람이 시간에 집중하고 있어야만 맥박이 계량기로 모인다는 것이다. 만약 사람이 시간에 집중하지 않고 다른 일에 몰두한다면 계량기로 모여드는 맥박이 적어서 시간이 짧게 느껴진다. 이 모델은 또한 무언가를 기다리고 있을 때 시간이 더 길게 느껴지는 이유를 설명한다. 따로 집중할 대상이 없는 병원 대기실에서는 시간에 계속 신경을 쏟을 수밖에 없다. 그러면 20분이 매우 길게 느껴진다. 반면 재미있는 소설을 보느라 시간에 신경 쓸 겨를이 없다면 같은 20분도 매우 짧게 느껴진다. 이 모델은 크리스티안 모르겐슈테른이 시에 묘사했듯이 일상생활에서 겪는 시간 경험에 잘 들어맞는다. 페이스메이커 – 계량기 모델에 따르면 병원 대기실에 있을 때는 계량기로 모이는 맥박이 많고, 소설을 읽을 때는 계량기로 모이는 맥박이 적다.

물론 이 모델이 모든 내용을 포괄하는 결론은 아니며, 많은 과학자들이 다양한 대안을 활용하고 있다.[10] 다른 주장을 소개하자면 이러한 것이 있다. 기억에는 시간적 특성이 있으며 이는 시간 흐름을 파악하는 내적인 신호로 작용할 수 있다는 주장이다.[11] 특히 시간이 지날수록 기억력이 떨어지는 특성 같은 것 말이다. 시간 감각은 사람이 어떤 사건이 처음 시작된 때를 얼마나 뚜렷하게 기억하고 있는지와 연관이 있다. 시간이 더 오래 지날수록 사건, 즉 시간 경과의 시작에 관한 기억은 점점 약해진다. 이 설명에 따르면 시간을 가늠하는 역할을 한다고 증명된 메커니즘, 뇌 속의 시계 같은 것은 없다. 다만 시간 감각은 과거의 사건을 추적하는 기억 유산에서 생겨난다.

또 다른 주장에는 이런 것이 있다. 시간 감각은 사고와 감정이 고군분투할 때 발생한다는 것이다.[12] 새로운 사건이 발생하면 우리는 그 사건의 지속 시간을 비교적 과대평가한다. 그 이유는 지각, 생각, 감정적 가치가 더 강하게 작용하기 때문이다. 반대로 익숙한 사건은 특별히 분석하거나 평가하지 않는다. 이미 겪어 본 것이므로 집중해서 지각하지 않기 때문이다. 즉 생각과 감정은 지속 시간을 평가하는 데도 영향을 미친다는 점을 알 수 있다. 이 주장 또한 시간의 지속을 판단하는 데 필요한 특별한 내면의 시계는 존재하지 않는다는 내용을 포함한다. 우리 인간은 끊임없이 적극적으로 정신 활동을 하며 주변에서 발생하는 상황을 판단한다. 이때 집중력, 기억, 생각, 그리고 감정의 활동 정도에 따라 시간 감각이 탄생하는 것이다.

수많은 뇌 과학자와 심리학자가 초 또는 분 단위 시간을 측정하는 생체 시계를 찾고자 탐구했지만, 그들의 노력은 결실을 맺지 못했다. 뇌 속에 생체 시계 같은 메커니즘이 존재하는지 찾으려던 수많은 연구가 수포로 돌아갔다. 더 정확히 말하자면, 현재까지 모든 분야에서 보편적으로 통용되는 시간 지각에 관한 뇌 이론은 없다. '생체 시계'를 단순하고 구조적으로 나타낸 페이스메이커-계량기 모델을 비판한 사람이 많았음에도 이 모델은 수많은 현상을 설명하는 데 유용하게 사용되어 왔다.

1930년대 초, 미국의 생리학자 허드슨 호글랜드Hudson Hoagland의 아내가 고열에 시달리며 침대에 누워 있었다. 아내를 간호하던 호글랜드는 약국을 다녀오려고 아주 잠시 집을 비웠는데, 돌아오니 그의 아내는 남편이 너무 오래 집을 비웠다며 불평했다. 뼛속까지 과학자였던 호글랜드는 아내를 대상으로 간단한 실험을 진행했다. 그는 아내에게 60까지 숫자를 세어 보라고 말했다. 그러자 그의 아내는 겨우 37초 만에 숫자를 60까지 전부 세었다. 이를 바탕으로 호글랜드는 아내가 고열 때문에 생리학적으로 더 강력하게 활성화됐고 따라서 숫자를 빠르게 세었을 뿐만 아니라 시간 또한 원래보다 더 길게 느꼈다고 결론지었다. 이런 시간 과대평가는 페이스메이커-계량기 모델로 설명할 수 있다. 흥분 수준이 높아지면 페이스메이커가 전달하는 맥박이 많아지고 같은 시간 내에 더 많은 맥박이 계량기에 저장된다. 그래서 호글랜드의 아내는 남편이 잠시 자리를 비웠음에도 오래 나가 있었다고 생각했다. 호글랜드는 1933년에 이와 관련한 논문을 펴내며 몸 상태에 따라 각기 다른 빠르기로 움직이는 생체 시계가 존재한다고 추측했다.[13]

의식의 유동적인 시간대

지금까지 우리는 한 가지 중요한 점을 살펴보지 않았다. 애초에 페이스메이커 – 계량기 모델이나 다른 주장들이 포착한 시간은 언제인가? 예를 들어 어떤 사람이 문밖에서 초인종을 너무 오래 누르고 있었다고 말할 때, 그 시간은 대략 4초 정도일 것이다. 횡단보도 신호등이 도무지 바뀔 기미를 보이지 않을 때, 기다리는 시간은 몇 분 이내일 것이다. 이런 시간에 대한 평가는 감정을 말로 표현함으로써 발생한다. "신호등이 왜 안 바뀌는 거야?"라는 식으로 말이다. 이 시간을 시계와 비교해야 비로소 우리는 물리적으로 정확한 시간 단위, 즉 몇 초 혹은 몇 분을 말할 수 있다.

미국 샌디에이고 근처 라호이아에는 운전자를 기다리게 하기로 악명 높은 신호등이 하나 있다. 사무실이 대학 캠퍼스 밖에 있었기 때문에 우리는 드넓은 도로를 걷거나 자동차를 타고 지나가야 했다. 그런데 이 신호등이 녹색으로 바뀌려면 '아주 오래' 기다려야 했기 때문에 나와 동료들은 늘 짜증을 내곤 했다. 어느 날 나는 신호등의 빨간불이 얼마나 오래 지속되는지 측정한 다음, 추가로 이틀 동안 그 결과를 검토했다. 빨간불에 멈춰서 기다리는 시간은 2분 15초였다. 몇 년 동안이나 계속해서, 심지어는 하루에도 몇 차례씩 그곳에서 기다렸던 동료들에게 신호등이 바뀌기까지 얼마나 오래 기다렸냐고 묻자, 대부분이 그보다 더 오랜 시간을 기다렸다고 답했다.

여기서 한 가지 더 고려해야 할 점이 있다. 사람들이 신호등이 이미 빨간불일 때 그 앞에 도달하므로 실제 신호등이 녹색으로 바뀔 때까지 걸린 시간은 2분 15초보다 더 짧다는 것이다. 이 실험이 보여 주는 바는 두 가지다. 하나는 겨우 2분이 채 안 되는 시간 동안에도 사람이 인내심을 잃을 수 있다는 것이다. '2분'은 사람들이 보통 '곧' 혹은 '금방'이라고도 표현하는 시간이다. 하지만 신호등 앞에서 기다리는 2분은 주관적으로 너무 길었다. 또 다른 하나는 2분밖에 안 되는 시간이지만 사람들이 그 시간을 정확히 짐작하기가 매우 어렵다는 것이다. 그렇다면 어느 정도 시간이라면 사람이 비교적 정확하게 시간을 짐작할 수 있을까? 이 사건은 우리가 특정한 시간 메커니즘의 영향을 받는다는 증거다.

우선 대부분의 사람들이 3초까지는 시간을 정확하게 짐작할 수 있다는 사실을 알아야 한다. 똑같은 사람을 대상으로 여러 번 실험을 진행한 결과, 3초라는 시간 간격까지는 주관적인 시간 예측의 편차 계수가 비교적 낮았다. 3초를 넘어가기 시작하면 객관적인 시간과 주관적인 시간 사이에 편차가 발생하고 참가자들이 시간을 제대로 짐작할 수 없어졌다.[14]

사람이 지각한 지금이라는 한계 내에서 사람은 지속 시간을 정확히 가늠할 수 있으며 정확한 시간에 맞춰 행동할 수 있다. 정확한 타이밍을 예측하는 것은 낚시나 사냥을 할 때, 혹은 맹수나 다른 부족 사람에게서 우리 부족 사람들을 지킬 때처럼 자연에서 살아남는 데 매우 중요한 기술이었다. 오늘날 우리는 평상시에 신호등이 바뀌는 타이밍을 정확히 예측하고자 한다. 음악과 스포츠도 정확한 시간 예측이 필요한 분야다. 아주 짧은 순간에 성공과 실패가 판가름 나기 때문이다. 우리가 애써 시간에 집중하지 않더라도, 우리의 뇌는 자연스럽게 주변 환경에서 오는 자극의 지속 시간, 특히 반복하는 사건에 관한 정보를 수집한다. 만약 어느 정도 시간을 예측하지 못한다면 댄서는 파트너의 발을 밟아 버리고 말 것이다.

시간 지각 연구자가 두 가지 짧은 소리 사이의 시간 차이를 구별하는 능력을 연구하면, '지금'이라는 순간에 경험된 지속 시간을 처리하는 지각 및 운동 능력 체계를 발견할지도 모른다. 이런 연구 방법은 인간의 시간 지각을 보여 주는 fMRI 같은 기능적 신경영상법과 관련이 있다. fMRI로 뇌를 찍는 실험 참가자들에게 지속 시간을 판단하라고 말하자, 움직임을 계획하거나 실행하는 데 관여하는 여러 뇌 부위가 활발해졌다.

프랑스의 심리학자이자 시간 연구자인 폴 프레스Paul Fraisse는 **시간 지각**과 **시간 추정**을 구분했다.[15] 우리는 시간을 지각할 때 대략 3초까지 지속되는 시간은 서로 연결된 한 덩어리로 처리한다. 지속 시간이 3초를 초과하는 자극은 한 묶음으로 지각하기에는 너무 긴 사건이다. 그럴 때는 단기 기억의 도움을 받아 지속 시간을 추정해야 한다. 이때 지속 시간은 더 이상 '지금' 경험된 총체적 사건이 아니다. 몇 초 전부터 울리기 시작한 소리가 지금까지 계속 이어진다고 치자. 3초에서 4초 정도 전에 처음 시작된 음은 이제 더 이상 존재하지 않는다. 그러나 우리의 기억에 아직 남아 있다. 이렇게 고찰해 나가면 왜 3초를 초과했을 때부터 시간을 추정하는 정확도가 떨어지는지를 알 수 있다. 그 시간을 넘어가면 시간 간격이 더 이상 한 덩어리로 존재하지 않으므로 단기 기억의 도움을 받아 그 시간을 처리해야 하기 때문이다.

3초 이상 지속되는 시간을 추정하기가 어렵고 결과의 오차가 커진다고 하더라도 우리에게는 더 긴 시간을 예측하는 감각이 있다. 그렇다면 과연 우리가 집중력을 유지한 상태로, 의식적으로 경험할 수 있는 최대 지속 시간은 어느 정도일까?

연구진은 1시간 간격의 시간 추정 능력을 알아보기 위해 실험 참가자들에게 1시간이 지났다고 느낄 때마다 매번 버튼을 누르라고 지시하는 실험을 할 수 있다. 이렇게 측정한 주관적인 시간 간격은 객관적인 시간과 전혀 다르겠지만, 대략적인 범위는 비슷할 것이다. 물론 그렇다고 해서 참가자가 그 시간을 지속적으로 경험했다고 말하기는 어렵다. 그 시간 내에 발생하는 수많은 사건에 집중력을 빼앗길 수 있기 때문이다. 예를 들면 참가자들은 1시간마다 버튼을 눌러야 한다는 사실을 상기하는 데 집중력을 사용할 수도 있다. 시간을 예측하는 능력은 궁극적으로 우리가 인지한 모든 경험의 순서, 즉 행동하느라 지나간 시간을 판단하는 데 도움이 된다. "설거지를 하는 데 거의 20분이 걸렸네."와 같이 말이다. 이미 지나간 시간은 기억 속에서 정리된다. 시간을 추정하는 메커니즘이 1시간 동안 시계처럼 '째깍째깍' 움직이지 않는다는 뜻이다. 사람이 지속되는 시간을 연속적이며 서로 연관이 있는 것이라고 지각하려면 자연스러운 시간의 경계가 있어야 한다.

3분 만에 삶은 달걀을 만드는 과정 또한 시간 지각의 한계를 보여 준다. 쉬는 날 집에서 시계를 보지 않고 정확히 3분 동안 달걀을 삶는 연습을 해 보자. 자신의 시간 감각이 얼마나 부정확하고 매번 바뀌는지 잘 알 수 있을 것이다. 가스레인지 위에 놓인 냄비에 3분이나 집중하기란 대단히 어려운 일이다. 냄비를 쳐다보는 동안 생각이 꼬리에 꼬리를 물고 이어질 테고, 그러면 시간을 추정하는 데 집중하지 못한다. 중요한 일에 정신을 빼앗겨 달걀을 너무 오래 삶아 버릴지도 모른다. 어쩌면 이런 식으로 집중력을 기르는 연습을 해 볼 수도 있겠다. 물론 지루함을 극복할 수 있다면 말이다. 명상을 오래한 사람이라면 이 과제를 더 쉽게 해결할 수 있을 것이다. 규칙적으로 명상을 하는 사람들은 꽤 오랜 시간 동안 집중력을 유지하고 정신을 온전히 **지금**에 둘 수 있다.

인간의 단기 기억의 길이는 연속적인 시간 경험을 자연스럽게 제한한다. 새로운 전화번호를 외워야 할 때, 전화번호가 장기 기억에 저장될 때까지 반복해서 중얼거리지 않으면 번호는 금방, 몇 초 안에 기억에서 지워진다. 각기 다른 일들이 단기 기억 내에서 처리되어야 할 때 관여하는 것이 작업 기억이다. 어떤 문장을 소리 내어 읽으면서 동시에 수열을 외워야 한다고 해 보자. 체계적으로 실험해 보니 실험 참가자들이 그 내용을 반복해서 읽지 못하도록 방해하면 읽은 글의 내용이나 숫자의 대부분이 12초 이내에 기억에서 사라졌다. 작업 기억은 원래 그 이상 작동할 수 있지만, 의식적인 내용(추상적인 내용)은 10초에서 12초 이내에 잊혔다. 최대한의 시간적 한계는 변하지 않고 고정된다. 물론 사건이 어떤 내용인지, 글이 어떤 맥락으로 흐르는지에 따라 다르기는 할 테지만 대부분 30초 정도면 잊힐 테고 최대 1분

정도가 한계일 것이다.[16]

의식의 내용과 작업 기억의 관계가 중요하다면, 이쯤에서 알아보아야 할 것이 있다. 우리는 시간이 지나면서 계속 새로운 것들을 경험하지만, 경험하는 동시에 금방 잊기도 한다. 작업 기억에 시간적 제약이 있다는 건 우리가 지속되는 시간을 아무런 방해 없이 경험하는 데 한계가 있다는 뜻이다. 이에 따라 시간의 지속적 경험과 관련된 지각 메커니즘(아직 발견되지 않았지만 만약 그것이 존재한다면)은 몇 초에서 몇 분으로 제한된다.

24시간 주기의 신체 리듬

앞에서 말했듯이 시간 지각을 몇 초에서 몇 분 이내로 제한하는 토대인 '생체 시계'를 찾기 위한 연구자들의 노력은 아직까지 결실을 맺지 못했다. 그러나 단세포 생물부터 인간까지 모든 유기체 안에 존재하며 해당 유기체의 생리와 24시간 주기에 따른 행동을 조절하는 생체 시계는 찾을 수 있었다. 이 메커니즘은 지구가 자전하며 약 24시간 주기에 따라 밤과 낮이 바뀌는 과정과 일치한다.

이 주기에 따라 해초는 바다의 여러 해저 지층을 오가며 움직인다. 식물은 이 주기에 따라 잎을 벌렸다가 오므린다. 포유동물은 이 주기에 따라 수면과 기상을 반복한다. 이 24시간 주기를 바로 '일주기 리듬'이라고 한다. 일주기 리듬은 영어로 'Circadian rhythm'이라고 하는데, 라틴어로 'circa'가 '대략', 'dies'가 '날'이라는 뜻이다. 이 리듬은 여러 생물학적 기능은 물론 유전자 발현에서도 분명히 드러난다. 인간의 기분, 생각, 시간 지각 등을 살펴보면 일주기 리듬을 알 수 있다. 예를 들어 감정 표현, 암산 능력, 반응 시간 등은 하루의 경과에 따라 체계적으로 변화한다.[17] 생각의 속도나 정확성 등으로 드러나는 인지 능력은 대개 오전 시간대에 점차 향상되어 정오쯤 정점에 도달한다. 그래서 대부분의 학교가 8시부터 10시 사이에 주요 과목 수업을 배정한다. 오후에 접어들면 인지 능력은 서서히 줄어든다.

일주기 리듬은 내인성內因性, 즉 유기체 안에 있는 리듬이다. 유기체 안에 있는 하나 혹은 여러 페이스메이커가 하루의 리듬을 책임진다. 이것은 햇빛이라는 외부 작용이 없어도 작동한다. 일주기에 따라 잎을 태양 쪽으로 향하는 식물은 어두운 공간에서도 똑같이 움직인다. 자연스럽게 내재된 생체 시계는 사람들에게서도 발견된다.

1960년대에 막스 플랑크 행동 생리학 연구소 연구진이 자원한 실험 참가자들을 대상으로 유명한 실험을 진행했다. 위르겐 아쇼프Jürgen Aschoff가 주도해 실험 참가자들을 3주에서 4주 동안 방 안에 가둔 이 실험은 '벙커 실험'이라고 불린다.[18] 시계 없이 모든 사회적인 활동이 차단되고 그 어떤 접촉도 할 수 없었다. 자연스러운 낮과 밤의 변화도 느낄 수 없었다. 그 상황에서도 일주기 리듬은 되풀이되었다. 스스로 껐다 켤 수 있는 전깃불만 있는 공간에서도 자고 일어났으며 체온도 평소와 같았고 배설도 마찬가지였다. 다만 자연 상태의 24시간 주기와는 조금 차이가 있었다. 체내 리듬의 지속 시간이 약 25시간 정도로 조금 더 길었다. 그 말은 고립된 상태에서 인간의 기상과 취침 주기는 물론 다른 신체 매개 변수가 조금씩 길어진다는 뜻이다.

실험 결과 각각의 매개 변수에 단계적인 차이가 있었다. 보통 우리 몸에서는 각기 다른 여러 리듬이 서로 결합해 유기적으로 움직이는데, '벙커'에서는 시간이 지남에 따라 균형이 깨지기 때문이다. 사람의 체온은 이른 오전에 가장 낮고 늦은 오후에 가장 높다. 이런 체온의 변화는 취침 - 기상 리듬과 밀접한 연관이 있는데, 고립된 상태에서는 시간이 지나면서 리듬이 점차 틀어졌다.

시간 지각에 중점을 둔 다른 연구 결과도 일주기 리듬의 불안정성을 증명했다.[19] 연구진은 실험 참가자들에게 깨어 있는 동안 1시간이 지났다고 느낄 때마다 버튼을 누르라고 지시했다. 참가자들은 자신이 생각하는 1시간 간격을 만들어 냈다. 연구진은 짧은 시간 간격에 대한 감각도 함께 측정하려고 같은 참가자들에게 1시간마다 버튼을 누르면서 10초가 지났다고 생각할 때마다 다른 버튼을 누르라고 말했다. 그 결과 일주기 리듬의 불안정성이 하루 동안의 체온 변화와 연관이 있다는 사실이 밝혀졌다. 이는 10초 간격으로 버튼을 누른 실험을 통해 알게 된 것이다. 참가자들은 체온이 가장 높아졌을 때 가장 짧은 시간 간격을 만들어 냈다.

그런데 1시간마다 버튼을 누른 실험 결과는 조금 달랐다. 실험 참가자들은 하루 동안 1시간에서 3시간까지 차이가 나는 각기 다른 간격을 만들어 냈다. 이 간격의 파동을 측정하자 그 결과는 깨어 있는 시간과는 관계가 있었지만 체온과는 관계가 없었다. 이 실험 결과는 각기 다른 범위의 시간 간격(이 경우에는 몇 초에서 1시간까지 범위)이 역시 각기 다른 메커니즘에 의존한다는 사실을 보여 준다.

이러한 실험을 통해 체내에 있는 시계는 여러 개고, 이것들은 서로 독립적으로 존재하지만 일반적인 생활 조건에서는 빛이라는 페이스메이커 덕분에 견고한 24시간 주기 리듬에 따라 조화롭게 움직인다는 것을 알 수 있다. '벙커'라는 실험 조건이 주어지자 빛이 생체 리듬을 조화시키고 견고한 일주기 리듬을 만드는 데 얼마나 중요한 역할을 하는지 알 수 있었다.

포유동물에게는 빛이 정확한 시간의 박자를 제시하는 페이스메이커 역할을 한다는 사실이 다른 연구에서도 밝혀졌다. 우리 뇌의 시상하부에는 '시교차 상핵'(Suprachiasmatic nucleus, SCN)이라는 것이 있다. 이것은 시신경 위쪽에 자리 잡고 있으며 주변 환경의 빛 변화를 파악한다. 그래서 눈이라는 장기와 생리적 리듬이 동기화하여 작동하는 것이다.[20]

생체 시계가 우리 몸을 조종한다는 사실을 뼈저리게 느끼는 순간이 바로 국제선 비행기를 타고 여러 시간대를 넘어 여행할 때다. 아직 우리가 살던 곳의 시간대에 맞춰져 있던 생체 시계가 새로운 장소의 일출과 일몰에 따라 틀어진다. 그래서 우리는 낮 동안 졸음을 이기지 못해 멍한 머리로 생활하다가 저녁이면 눈을 말똥말똥 뜨고 침대에 앉게 되는 것이다.

아침형 인간과 저녁형 인간

어떤 사람들은 매일같이 생체 시계가 조금씩 틀어진다고 느낀다. 사람마다 성격이 저마다 다르듯이, 일주기 리듬도 제각기 다르다. 모든 사람의 생체 시계가 똑같은 박자로 움직이지 않는다는 뜻이다. 취침-기상 리듬 또한 사람마다 현저히 다르다. 이를 기반으로 각자에게 잘 맞는 활동 시간대를 나눈 것이 바로 '크로노 타입Chronotype'이다.

아침에 일찍 일어나는 사람은 아침형 인간이고, 비교적 늦게 일어나는 사람은 저녁형 인간이다. 아침형이든 저녁형이든 모든 사람은 24시간 리듬에 따라 생활하는데, 활동성과 일의 능률이 가장 높거나 낮은 시간이 저마다 다르다. 아침형 인간은 저녁에 금방 피곤해지고 일찍 잠자리에 드는 반면, 저녁형 인간은 저녁에 오히려 정신이 또렷하고 늦게 잠자리에 든다.[21]

극단적인 저녁형 인간에게는 한 가지 어려움이 있다. 모든 사람은 크로노 타입과 관계없이 8시간(±1시간) 수면을 취해야 한다. 그런데 우리 사회가 아침형 크로노 타입에 맞춰져 있다 보니 저녁형 인간은 자신의 생체 시계에 맞춰 살기 어렵다. 학교나 직장은 대개 8시나 9시에 시작하며, 카페나 빵집처럼 더 일찍 문을 여는 곳도 있다. 뮌헨대학교 의학적 심리학 연구소의 시간생물학자인 틸 로엔네베르크Till Roenneberg는 이를 일컬어 '사회적 시차증'이라고 불렀다.[22]

저녁형 인간은 사회적 구조와 생체 시계 사이의 괴리를 느낀다. 이들은 자연적인 취침-기상 리듬 때문에 밤에 일찍 잠들지 못하지만 아침에는 원래 일어나야 하는 시간보다 일찍 일어난다. 그래서 평일에 심각한 수면 부족을 겪고, 주말에 잠을 몰아서 잔다. 조사 결과, 저녁형인 사람들은 낮 동안 졸음을 쫓으려고 카페인 음료를 더 많이 마셨고 저녁에는 쉽게 잠들기 위해 알코올을 더 많이 섭취했다. 이런 행동은 전형적인 자가 진단 및 처방이다. 저녁형인 사람들은 아침형인 사람들에 비해 주관적인 수면의 질이 낮았다.

청소년들은 더욱 극심한 사회적 시차증을 겪는다. 성장기 청소년들은 대부분 잠이 많고 늦게 일어난다. 사람은 최소 21세가 되어야 활동성에 차이가 나타나기 시작해 어느 순간엔가 아침형 인간과 저녁형 인간으로 나뉜다.[23] 청소년들은 학교에 가려고 오전 7시 이전에 일어나야만 하는데, 그들의 생체 시계로 보자면 오전 7시는 깊은 밤이나 마찬가지다. 게다가 청소년들은 비몽사몽간에 단어를 달달 외우고 방정식을 풀어야 한다. 물론 그렇다고 해서 학업 성적이 낮은 이유를 생물학적인 기질과 문화적 요구 사항 간의 불합치만으로 설명할 수는 없다. 여러 다른 요소가 영향을 미쳤을 것이기 때문이다.

저녁형 인간이라는 크로노 타입과 정신 상태 및 행동 양식 사이에는 직접적인 연관성이 있지만, 그리 강하지는 않다. 그럼에도 명료한 연구 결과가 도출되었다. 말하자면 우리는 한 손에는 크로노 타입을, 다른 한 손에는 자가 진단 및 처방으로 해석되는 행동 양식과 정신적 피로, 우울의 징후를 들고 있다. 광범위한 연구 결과 저녁형인 청소년들은 카페인 음료와 알코올을 더 많이 섭취했고, 흡연할 가능성도 높았다. 그렇다면 작은 변화가 큰 효과를 불러일으킬지도 모른다. 만일 학교가 조금만 늦게 시작한다면 어떨까?

실제로 1997년에 미국에서는 수업 시작 시간을 7시 15분에서 8시 40분으로 미루면 어떤 일이 벌어지는지 종단면적 연구가 실시되었다.[24] 그러자 수업 시작 시간을 바꾼 학생들은 그렇지 않은 학생들보다 덜 졸았고, 더 높은 집중력을 발휘했고, 덜 우울했고, 중간고사에서 더 높은 성적을 받았다. 우리 사회는 복잡한 이해관계가 얽혀 있으므로 회사가 대부분 9시부터 시작하니 학교도 9시부터 수업을 시작해야 한다고 주장하기는 어렵다. 하지만 적어도 주요 과목의 수업을 10시 이전에 배정하지 않는 방법은 고려할 수 있을 것이다.

5

나이가 들수록
시간이 빨리 가는 이유

.... 나이가 들수록 시간이 더 빨리 지나간다. 반복적인 일상이 늘어나면서 경험은 점점 덜 집약적인 것이 되고 기억에도 잘 남지 않는다. 주관적인 삶의 경험이란 기억에 의존하기 때문에, 판에 박힌 일상이 늘어날수록 주관적인 시간은 더 빨라진다. 그렇지만 우리가 아무리 충만하고 다채로운 삶을 산다고 하더라도, 인생은 어쨌든 길다. 이것은 우리 인간에게 매우 중요하다. 우리가 인지한 삶의 시간은 삶의 유한성을 보여 주기 때문이다.

    나는 **지금** 이 글을 읽고 있다. 나는 **지금** 보고, 듣고, 느낀다. 지난 휴가를 떠올리든 내일 떠날 소풍을 고대하든, 그 기억과 기대는 **지금** 일어나는 일이다. 현재는 우리가 미래의 계획을 세우고 과거의 기억을 들춰보는 시간 단위다. 우리는 현재라는 관점에서 과거의 삶을 돌이켜 보고 다시금 의식한다. 자신의 생애를 시간 순서대로 돌이켜 보면 처음 떠오르는 기억은 아마도 어린 시절의 기억일 것이다. 그다음부터는 마치 의식의 빛이 기억의 길을 따라 비추듯이 삶의 시간이 이어진다. 이미 지나간 생애부터 삶이 계속 이어진다는 감각은 기억을 양분으로 삼는다.

    인생에 언젠가는 끝이 있다는 것은 우리 삶에서 매우 중요하다. 많은 사람들이 나이를 먹을수록 시간이 더 빨리 간다고 느낀다. 어린이나 청소년이었을 때는 겨울방학이 끝나지 않을 것처럼 길었고, 연휴를 앞둔 평일이 더디게 느껴졌다. 그때와 비교하면 성인인 지금 5주에서 6주 정도 되는 시간은 날듯이 지나간다. 갓 성인이 되었을 때는 학교에서 보내는 시간이나 몇 년이라는 시간이 꽤 길었다. 그런데 직장생활을 하다 보면 옆자리 동료와 이야기를 나누다가 우리가 같이 일한 시간이 벌써 그렇게나 오래되었냐며 서로 놀라곤 한다. 아마 대부분의 사람들이 나이를 먹을수록 시간이 더 빨리 간다는 데 동의할 것이다.

이 현상을 아주 쉽고 간단하게 설명하자면, 같은 1년이라는 시간이 나이가 들수록 비교적 짧아지기 때문이라고 할 수 있다. 10세 어린이에게 1년이란 인생의 10분의 1이나 되는 시간이지만 18세 청소년에게 1년이란 인생의 18분의 1이다. 열 살짜리 아이와 비교하면 짧은 기간이다. 물론 이렇게 간단한 계산으로 삶의 시간이라는 감각을 전부 설명하기는 어렵다. 다만 이 계산법은 많은 사람들이 나이를 먹을수록 시간이 빨리 간다고 느끼는 현상을 설명한다. 살아온 시간 감각을 설명하려면 과거와 미래의 관점을 고려하는 편이 좋다. 이 시간 조망은 삶이 지속되면서 계속해서 변화를 겪는 과거, 현재, 미래라는 개념과 관련이 있다.

우선 과거를 조망한다는 것은 시간의 흐름을 이해하는 데 중요한 요소다. 독일, 오스트리아, 네덜란드, 그리고 뉴질랜드 등 선진국의 도시와 농촌 모두에서 모든 연령대 성인 2,000명 이상을 대상으로 실시한 두 차례의 대규모 연구가 이를 명확하게 보여 준다.[1] 성인들은 시간이 빠르게 흐른다고 느꼈고, 나이가 들수록 시간이 더 빠르게 흐른다고 느꼈다. 중년인 성인들은 학창 시절 혹은 청년기보다 시간이 훨씬 빠르게 지나간다고 말했다. 이 결과는 보편적인 시간 경험을 보여 준다. 40대 이상이 되면 과거를 돌이켜 보며 자신이 살아온 시간을 추정해야 하기에 기억에 착각이 생겨 시간이 가속한다고 지각할 가능성이 있다는 뜻이다.

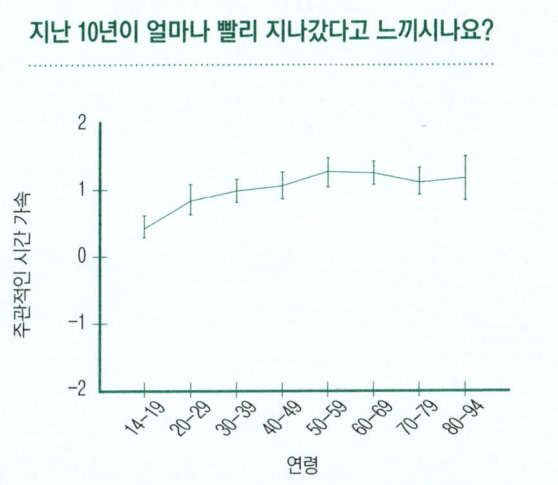

연구진은 각기 다른 연령대의 실험 참가자들에게 똑같은 기간인 1주일, 한 달, 1년, 10년을 제시하고 어떻게 느끼는지 물었다. 답변을 비교한 결과 약하기는 하지만 연령과 주관적으로 느끼는 시간의 속도 사이에 연관성이 있었다. 더 나이가 든 사람일수록 더 긴 기간이 더 빨리 지나간다고 느꼈다. 지난 몇 주, 몇 달, 혹은 몇 년에 대한 주관적 감각은 별 차이가 없었지만, 10년 이상의 긴 기간은 나이가 들수록 더 빨리 지나간다고 느끼는 사람이 많았다.

> 10년이 얼마나 빨리 지나갔는지 질문한 실험은 14세에서 94세
> 의 참가자들이 시간 감각에 점수를 매겼다. '매우 천천히' -2점, '천
> 천히' -1점, '느리지도 빠르지도 않게' 0점, '빠르게' 1점, '매우 빠르
> 게' 2점으로 말이다.
> 이때 10년 이상의 기간이 더 빨리 지나간다고 느끼는 감각은
> 60세까지는 계속해서 증가하다가, 그 이후부터는 비슷한 수준으로
> 유지되었다. 60세 이후부터는 주관적으로 느끼는 시간의 속도가
> 증가하지 않았다는 점을 알 수 있다.

이를 통해 성인은 보편적으로 시간이 빨리 간다고 느끼며 시간 감각과 연령 사이에는 연관성이 있다는 결론을 내릴 수 있다. 다만 참가자 답변의 편차도 고려해야 한다. 나이가 더 많다고 해서 모두가 젊은 사람보다 시간이 더 빨리 간다고 느끼는 것은 아니다.

인지심리학 분야의 수많은 실험 결과를 보면 기억으로 남은 사건의 수와 특정한 기간 내에 경험한 삶의 변화가 주관적인 시간 지속을 결정함을 알 수 있다. 특정한 기간 내에 더 많은 사건과 그에 따른 변화가 일어날수록 그 기간이 주관적으로 더 길게 경험된다.[2] 삶의 변화는 주변 환경이나 생각, 그리고 감정 변화에 영향을 미친다. 특정한 기간 동안 변화무쌍한 경험을 했다면 같은 기간 동안 단조로운 경험을 했을 때보다 시간이 더 길게 지속되었다고 느낄 수 있다. 경험한 것이 많다면 그 기간의 기억을 되돌아볼 때 떠올려야 할 것이 많기에

시간이 길게 느껴지는 것이다. 시시각각 새로운 경험을 쌓은 휴가 기간 1주일은 매일 똑같이 쳇바퀴를 굴리듯이 집과 회사를 오간 1주일에 비해 훨씬 길게 느껴진다.

무엇보다도 인간이 어떻게 시간의 흐름을 지각하는지 잘 이야기하는 소설이 있다. 독일 작가 토마스 만Thomas Mann의 《마의 산》이다. 토마스 만은 이 소설에서 새로운 경험이 시간 감각을 어떻게 바꾸는지 '시간 감각에 관한 보충 설명'을 늘어놓았다. 휴가를 예로 들면서 말이다. 휴가 기간에 사람은 모든 것을 강렬하게 경험한다. 휴가 초반에 낯선 장소에 도착해 다양한 경험을 하다 보면 시간이 길게 느껴진다. 그런데 휴가지에서 어느 정도 시간을 보내고 나면 시간 감각이 다시 원래대로 돌아온다. 새롭던 것들이 익숙한 것으로 바뀌기 때문이다. 휴가가 끝날 때쯤이면 시간은 다시 날개 돋친 듯 지나가고, 휴가가 곧 끝난다는 사실을 깨닫는다.

《마의 산》은 긴 시간을 지각하고 기억하는 현상을 다룬 것이다. 이 책의 처음 몇 페이지는 휴가 첫날을 자세하게 묘사한다. 주인공인 한스 카스토르프Hans Castorp가 새로운 환경과 새로운 사건을 마주한 덕분에 모든 이야기가 흥미진진하게 펼쳐진다. 시간이 페이지를 채우고 있는 셈이다. 그런데 나중에는 같은 분량의 페이지를 몇 주, 심지어는 몇 달에 이르는 시간이 채우고 있다. 처음에는 모든 것이 새로워 이야기할 내용이 많았지만, 시간이 지날수록 새로움이 퇴색해 같은 분량을 채우는 데 더 많은 시간이 필요했던 것이다.

이스라엘 연구진이 토마스 만의 이런 관찰력과 통찰력을 경험적으로 증명하고자 해변에서 휴가를 보내고 돌아가기 직전인 사람들에게 설문조사를 실시했다. 응답자 41명은 휴가 기간이 지날수록 시간이 더 빠르게 지나가는 듯 느꼈다고 답했다. 첫날은 시간이 길었는데, 그 이후부터는 날이 갈수록 시간이 점점 짧게 느껴졌다는 것이다.[3] 이에 더해 연구진은 반복적인 작업이 많은 일을 하는 사람일수록 시간이 더 빠르게 지나갔다고 느낀다고 말했다.

그럼 지속되는 시간을 경험한다는 것은 과연 무엇일까? 이를 더 깊이 이해하려면 '시간 역설Time paradox'을 알아보아야 한다.[4] 같은 시간일지라도 시간을 판단한 시점에 따라 다르게 평가된다. 앞을 예상하며 시간을 판단한다면 어떤 사건이 진행되는 도중에 그 지속 시간을 짐작할 수 있다. 이는 시간의 흐름에 집중하는 것이다. 과거를 돌이켜 보며 시간을 판단한다면 우선 어떤 사건이 끝나야 시간을 짐작할 수 있다.

이 두 가지 각기 다른 형태의 시간 지각은 완전히 다른 인지 과정에 따라 발생한다. 병원 대기실에서 보내는 30분은 시간의 흐름에 집중하며(앞을 예상하며) 보내는 시간이기 때문에 매우 길게 느껴진다. 그런데 나중에 그 시간을 돌이켜 보면, 아무런 흥미로운 사건이 발생하지 않았기 때문에 기억에 남는 내용도 거의 없다. 이렇게 보낸 시간은 나중에 매우 짧게 느껴진다. 반대로 관심이 가는 상대와 30분 동안 대화를 나누는 상황을 생각해 보자. 그럴 때 우리는 시간에 거의 신경을 쓰지 않는다. 그렇기 때문에 대화가 끝나고 나면 시간이 눈 깜짝할 새에 지나갔다고 느낀다. 그러나 이렇게 보낸 시간을 돌이켜 보면 대화의 내용이 대부분 기억나기 때문에 상대방과 꽤 긴 시간을 함께 보냈다는 느낌이 든다.

시간 역설은 어떤 경험을 하고 다시 그 시간을 돌이켜 보는 비교적 짧은 시간에 적용된다. 몇 년 혹은 수십 년과 같은 생애를 돌이켜 볼 때는 풍성한 기억이 중요한 역할을 한다.

경험이 많은 삶이 더 길다

나이가 많은 사람들은 가끔 시간이 느리게 간다고 불만을 토로하곤 한다.[5] 이 말은 우리가 여태까지 보았던, 나이를 먹을수록 시간이 빠르게 흘러간다고 느끼는 연구 결과와 모순되는 듯 보인다. 하지만 이들의 일상생활을 고려해 보면, 성취감이나 만족이 결여된 경우가 대부분이기 때문에 시간이 느리게 흐른다는 것도 이해가 간다. 양로원에 사는 노인들을 대상으로 실험한 결과를 보면, 노인들은 다양한 과제나 사건 없이 단조로운 일상을 보내기 때문에 하루가 느리게 흐르는 것처럼 느낀다고 한다.[6] 말하자면 지루함이란 시간이 느리게 흐르는 감각과 동의어다. 그런데 같은 노인들이 나이가 들어 갈수록 시간이 점점 **빠르게** 흐르는 것 같다고도 말했다. 이때의 시간은 연 단위다. 그러니 시간 경험에 관해 말할 때는 그 단위나 기간이 어느 정도인지를 반드시 고려해야 한다. 이미 지나간 시간 중 하루가 아니라 몇 년 이상의 시간을 돌이켜 보면, 대부분의 사람들이 시간이 빠르게 지났다고 말한다.

시간의 흐름을 경험하는 데 나이가 어떤 영향을 미치는지 이해하는 열쇠는 연령에 따른 인간의 발달 과정이다.[7] 어린 시절과 사춘기 시절, 그리고 청년 시절은 심리학적으로 보았을 때 늘 새로운 경험을 하고 그 과정에서 발달하는 삶의 단계다. 형제의 탄생, 첫 등교, 부모님 없이 떠나는 첫 여행, 첫 키스 등, 이 시기에는 다양한 경험을 한다. 어린 시절의 3년이란 셀 수 없이 많은 삶의 경험이 담긴 폭발적인 발달의 시기다. 열두 살일 때는 아직 아이이던 사람이 열다섯 살이 되면 어느새 성인에 가까워진다. 청년기 또한 마찬가지다. 어린 시절의 발달 과정에 이어서 학업을 끝마치고 부모에게서 독립하거나, 직업 교육을 받거나, 학업을 더 이어 가거나, 첫 직장을 갖고 연인과 동거를 하거나 결혼을 결심하는 것 또한 새로운 경험이다.

그러나 그 이후에는 새로운 경험이 점점 줄어든다. 직업이나 주변 인간관계가 거의 변하지 않는다. 성인기의 3년이란 대개는 똑같은 일상이 반복되는 3년이다. 아침에 일어나 회사에 갔다가 집에 돌아와 TV를 보다가 잠들고 다시 일어나 회사에 가는 일상 말이다. 이렇게 매일 반복되는 일상은 기억에 거의 남지 않는다. 성인은 지난 시간을 돌이켜 보아도 기억에 남는 사건이 거의 없으니 주관적인 시간이 매우 빠르게 지났다고 느낀다. 사람이 나이를 먹을수록 삶은 고착된다. 반복되는 일상은 늘어나고, 새로운 경험은 줄어들며, 결과적으로 기억에 남는 일이 별로 없으니 주관적인 시간이 짧아져 세월이 빨리 지나갔다고 느낀다.

그러나 나이와 주관적으로 느끼는 시간의 속도 사이 관계를 명확하게 규정할 수 없다는 연구 결과는 심리학적인 법칙이 존재하지 않는다는 뜻이기도 하다. 이미 여러 연구 결과가 증명했듯이 시간 감각이 경험과 기억에 남은 변화의 양에 의존한다면, 삶의 경험이 시간 감각에 영향을 미칠 수 있다는 말이다. 특정한 기간 동안 많은 기억이 저장되면 우리는 그 시간을 더 길게 느낀다. 이때 감정도 중요한 역할을 한다. 감정과 연결된 기억이 더욱 길고 자세하게 기억되기 때문이다. 즉 어느 정도 감정과 결합된 경험만이 기억에 저장된다고도 말할 수 있다.[8] 어떤 자전적인 일화가 기억에 저장되고 어떤 것은 저장되지 않을지를 결정하는 것은 그 기억에 결합된 감정이라고도 말할 수 있다. 경험의 보물 상자가 클수록, 그리고 그 경험이 감정적으로 다채로울수록 삶은 풍요로워지고, 이에 따라 주관적으로 느끼는 시간이 늘어난다.

이를 근거로 우리는 시간 경험을 바꿀 행동 지침을 설정할 수 있다. 삶의 시간이 천천히 흐른다고 느끼려면 늘 새로운 장소에 가고, 새로운 경험을 해서 감정과 결합된 기억이 오래 남도록 노력해야 한다. 큰 변화가 발생하면 나중에 그 순간을 돌이켜 보았을 때 삶의 시계는 천천히 돌아가기 때문이다. 우리는 계속해서 새로운 경험을 추구해야 한다. 그러면 나중에 인생을 꽤 잘 살아왔으며 오래 살았다고 느낄 수 있다. 다만 이런 삶도 어느 정도 제약이 있어야 한다. 제아무리 활동적이고 감정이 풍부한 사람이라 할지라도, 다른 나라를 20여 군데나 여행하거나 혁신적인 사업 아이디어를 수도 없이 구상하다 보면 언젠가 일상이 반복된다고 느낄 수밖에 없다. 우리가 살면서 기대하지 않았거나 새로운 물건 혹은 사건을 마주할 때 새로운 경험을 쌓을 수 있다. 그래서 무엇이든 처음 하는 경험은 강렬한 감정과 결합해 기억에 오래 남고 앞으로의 삶에도 영향을 미친다.

이렇게 모인 경험이 어떤 가치를 지니는지도 생각해야 한다. 직업 경험은 수십 년이 지나야만 가치를 매길 수 없는 전문성이 된다. 삶의 환경을 너무 자주 바꾸다 보면 애써 모은 전문 지식이 불필요한 것이 되기도 한다. 이직을 자주 하는 경우다. 그러므로 주관적인 삶의 시간 동안 경험한 내용을 다양한 조각으로 만들어 적재적소에 끼워 넣는 것이 중요하다. 습득한 지식과 기술을 다양한 상황에 적용해야 한다.

프로이트는 정신 건강에 꼭 필요한 삶의 두 가지 측면을 강조했다. 하나는 노동 능력, 다른 하나는 사랑하는 능력이다. 특히 사랑하는 능력이라는 측면에서 보면 '변화'란 매우 복잡하다. 강렬하고 오래 이어진 관계에서 생겨난 감정의 깊이는, 삶에서 발생한 사건의 축적과 그에 결합된 주관적인 시간의 연장을 고려했을 때 다른 대안보다 낫다. 계속해서 새로운 사랑을 찾아 나서거나 바람을 피우는 등 짧은 관계만을 이어 가다 보면 곧 똑같은 궤도를 따라갈 뿐이다. 돈 후안Don Juan 마저도 점점 빨라지는 시간을 붙잡지 못했다.

마지막이 가까워지면

우리는 과거를 돌이켜 보았을 때 주관적인 시간이 더 빨라지는 현상에 관해 이야기해 보았다. 이제 미래 지향적 관점을 살펴보자.

60세에서 85세 사이의 노년층 여성들을 대상으로 조사한 결과, 죽음에 대한 두려움이 커질수록 시간이 더 빠르게 흐른다고 느꼈다.[9] 그 이유는 아마 삶의 끝이 이미 예상되므로 미래 조망이 더 짧아지고 제한되기 때문일 것이다. 질병을 앓거나 실직을 하는 것처럼 살면서 겪는 결정적인 사건은 모든 연령대 사람의 미래 조망을 대폭 단축시킨다.[10] 사람들은 대개 몇 년 앞을 내다보며 직업 교육을 받거나 집을 살 계획을 세우는데, 이런 사건이 발생하면 삶의 계획을 한 주나 한 달 단위로밖에 세우지 못한다. 병에 걸리거나 죽음이 가까워진 것뿐만 아니라 고향 혹은 고향에 버금갈 정도로 안정적이던 장소를 떠나도 시간 조망이 짧아진다. 이때 사람들은 사회적인 선호도가 바뀌어 감정적으로 더 가까운 사람에게 훨씬 의지하게 된다. 친구나 가족을 자기 자신보다 더 중요하게 여기게 되는 것이다.

많은 사람들이 나이 든 사람은 미래 계획을 세우기보다는 과거에 더 애착을 가질 것이라고 생각하지만, 사실은 그렇지 않다. 물론 이를 주제로 실험한 결과 나이 든 사람들은 미래를 계획하는 데 소극적이고 계획을 잘 제어하지 못한다는 점이 밝혀졌기에 '노인들은 과거에 얽매여 산다'는 오해를 할 수도 있다. 그렇지만 그런 결과가 도출된 이유는 단순히 나이가 들수록 미래 지향성의 도달 거리가 점차 줄어들기 때문이다.[11] 미래 지향성의 도달 거리가 줄어든다는 말은 계획을 실현할 미래까지 남은 시간이 줄어드는 데 비해 계획한 활동의 양은 그리 많이 줄어들지 않는다는 뜻이다.

청소년기 혹은 성인기에 세운 장기적 계획은 당연하게도 언젠가 현실이 된다. 계획을 이룬 젊은이들은 가까운 미래에 도달할 수 있는 또 다른 목표를 세운다. 나이가 많은 사람들의 계획을 분석한 결과,

이들도 대부분 미래에 이루어질 것으로 예측되는 목표를 추구했다. 나이가 들면 짧아질지라도 미래 조망의 뚜렷한 특징은 이것이 개인의 안녕과 연결된다는 점이다. 나이가 들면 급격한 시간 조망의 변화를 겪는다는 주장은 반박되었다. 노화란 원칙적으로 점차 변화하는 삶에 끊임없이 적응해 나가는 과정이다. 고령자는 삶의 끝을 강하게 느끼며, 이것은 매우 중요한 과정이다. 그러나 삶의 끝이나 죽음은 고령자들에게 중요하지 않다. 이것은 수십 년 동안 동일한 노인 실험 참가자 그룹을 인터뷰한 연구진이 내놓은 결론이다.[12] 노인들 또한 실질적이고 삶에 결부된 문제가 인생에서 훨씬 더 큰 부분을 차지한다고 말한다. 노인이라고 해서 젊은 사람들보다 '죽음'이라는 주제를 일상생활에서 더 자주 떠올리는 것은 아니라는 뜻이다. 예를 들어 심각한 질병에 걸려 인생의 한계점을 마주한다면 나이와 상관없이 모든 사람이 죽음이 가까워졌음을 느낄 것이다.[13]

건강한 노인들에게 죽음은 그리 중요하지 않다. 적어도 그들이 의식하는 범위 내에서는 말이다. 그래서 남은 시간이 얼마 없고 죽음은 빠르게 다가온다고 느끼며 스트레스를 받는 것도 아니다. 노인이 미래보다는 과거에 집중한다는 생각은 왜 더 늦은 나이가 아니라 중년부터 시간의 흐름을 빠르게 느끼는지를 설명하지 못한다. 사람들이 35세에서 50세쯤에 마주하는 이른바 중년의 위기는 삶의 유한성이라는 감각을 동반한다.[14] 하지만 이것만으로는 나이가 들어 가면서 점점 빨라지는 주관적인 시간을 설명하기에 충분하지 않다. 주관적인 시간 가속은 더 이른 나이대인 청소년기부터 20대 혹은 30대에 발생하기도 한다.

과학적 결과를 종합해 보면 다음과 같은 결론을 도출할 수 있다. 첫째, 적어도 서구 선진국 사람들은 나이가 들면서 시간이 점점 빨리 흐른다고 느낀다. 이 감각은 명확하게 증명이 가능하다.[15] 둘째, 경험의 새로움과 감정, 그에 따른 과거 기억의 양이 주관적 시간 감각에 결정적인 영향을 미친다는 논제는 이미 여러 연구 결과 증명되었다. 셋째, 나이가 들어 가면서 가속한다고 느껴지는 시간 경험은 기억에 의존할 수 있지만, 이에 관한 명확한 증거는 아직 없다. 일상의 대부분이 규칙적으로 흐르고 자연스럽게 새로운 경험이 줄어들면 기억에 저장되는 내용 또한 줄어들기 때문에 나이를 더 먹을수록 주관적인 시간이 빨라진다고 볼 수 있다.[16]

죽음, 전문가 · 거부자 · 연구자

진지한 대화를 나눌 때 죽음이라는 주제는 회피의 대상이 되지 않는다. 죽음에 관한 질문을 받으면 사람들은 자신의 생각을 명확하게 표현한다. 죽음을 주제로 한 사회학적 연구에서 150건의 인터뷰가 진행되었는데, 그 내용에 따라 사람들이 세 부류로 나뉘었다.[17] 죽음 전문가, 죽음 거부자, 죽음 연구자로 말이다.

'죽음 전문가'들은 뚜렷한 죽음의 상象을 갖고 있었다. 이것은 종교적이나 무신론적으로 만들어진 것이다. 그들이 각자 품고 있는 죽음이라는 이미지가 종교적이든 그렇지 않든, 이 죽음 전문가들은 죽음에 관해 이러쿵저러쿵 의견을 내거나 깊이 고민할 필요가 없다고 생각했다. 어떤 사람은 신을 믿었으며 죽은 뒤의 삶이 존재한다고 생각했고, 어떤 사람은 생물학적인 죽음 뒤에는 아무것도 없다고 생각했다. 다분히 종교적이거나 무신론적인 사람들은 그들의 확고한 입장을 고수하더라도, 죽음 때문에 계속 마음 졸이지는 않을 것이다.

'죽음 거부자'들은 애초에 죽음을 입에 올리지 않는다. 이들은 건강과 몸 상태, 자녀의 안전 등을 챙기느라 바쁘다. 이들은 삶에 열중하기 때문에 죽음에 관해 이야기하기를 꺼린다. 만약 우리 사회에 죽음 전문가와 죽음 거부자라는 두 부류만 존재했다면 많은 사람들이 죽음이나 죽어 가는 것을 주제로 논의할 일이 없을 것이다. 죽음 거부자들은 여러 측면에서 자신들의 주장이 타당하다고 느낄 것이다. 그러나 이 사회에는 세 번째 그룹, '죽음 연구자'가 존재한다. 이들은 죽음에 관한 질문을 공개적으로 던지며 죽음이라는 주제를 자신들이 꼭 파헤치고 그 답을 찾아야만 하는 과제로 여긴다. 사람들이 죽음을 어떤 식으로 바라보는지 사회적으로 분석해 보니 진심으로 죽음을 거부하는 사람들이 있는가 하면 자신의 유한성과 정면으로 마주하는 사람들도 있었다.

그렇다면 죽음을 금기시한다는 것은 무슨 뜻일까? 정신분석가인 오토 랑크Otto Rank는 자신의 저서 《영혼에 대한 믿음과 심리학》에서 사람들이 죽어야 할 운명을 어떻게 받아들이는지 서술했다.[18] 잠재적인 죽음의 공포가 엄습하면서 사람들은 영혼의 불멸을 꿈꾸기 시작했다. 죽음 이후 삶을 약속하는 일신론 종교에서도 이런 충동이 일었다.[19] 새로운 이론은 아니었지만, 랑크는 이를 더 발전시켰다.

랑크는 우리를 죽음이라는 생각에 다가가지 못하도록 막는 무의식적인 힘이 있다고 말했다. 사회는 인간이 자신의 피조물적(동물적) 특성과 그에 따른 죽음을 인지하지 못하도록 하는 문화적 기틀을 마련했다. 우리 인간이 곁에 있는 동물인 개와 마찬가지로 음식물을 소화시키고 성적인 행위를 한다는 사실은 사회에서 언급이 금기시되었다. 따라서 식욕이나 성욕 따위의 욕구는 지극히 사적인 것으로 여겨지기 시작했다. 우리가 피조물이라는 사실, 그래서 언젠가는 반드시 죽는다는 사실을 뒷받침하는 모든 것에 사회가 다른 탈을 씌웠다. 이는 종교 예배에서, 그리고 신체는 하등한 것, 영혼은 고차원적인 것으로 보는 생각에서 비롯된다. 랑크에게 문화는 죽음의 공포를 밀어 내는 무의식적인 힘의 표출이다.

오래 사는 법

사실 죽음은 꽤 인기 있는 주제다. 그것이 자신의 죽음이 아니라면 말이다. 유혈이 낭자한 범죄 소설이나 드라마, 영화 등이 큰 인기를 끄는 것만 봐도 알 수 있다. 따뜻한 침대 혹은 편안한 소파에 앉아 살인 사건이나 범죄 이야기를 즐기다 보면 때때로 전율이 일기도 한다. 추운 겨울날 창밖에서는 폭풍이 불어닥치는데 따뜻한 방 안에서 벽난로 앞에 앉아 안전하다고 느끼는 기분과 비슷할 것이다.

독자들은 살인 사건이나 범죄 이야기를 읽으면서 아무런 위협이 없는 환경에서 죽음을 경험한다. 대부분의 경우 살인의 전모가 밝혀지고, 범인이 드러나면서 이야기는 해피엔딩이 된다. 법 집행자들은 매우 인간적인 모습을 보여 준다. 허약하고 나이 든 수사관이나 아무런 단서도 찾지 못하는 형사는 우리가 도무지 닿을 수 없을 것 같은 영웅과는 거리가 멀다. 우리는 이런 등장인물의 생각에 깊이 공감할 수 있다. 범죄 소설이 자극적이고 재미있는 이유는 그것이 죽음의 비밀을 파헤치는 이야기이기 때문이다. 소설에서는 현실에서 절대 밝혀지지 않는 비밀이 풀리기도 한다.

신빙성이 없어 보인다면 핀란드의 철학자이자 신경과학자인 안티 레본수오Antti Revonsuo의 꿈 이론을 살펴보자.[20] 레본수오는 꿈을 인생의 고되고 절망적인 상황을 시뮬레이션한 것이라고 말했다. 놓쳐 버린 기차나 비행기, 중요한 계약을 앞두고 깜박해 버린 서류, 사고, 추락 등의 상황이다. 실제로는 안전한 상황에 놓인 사람이 삶에서 벌어질 수 있는 난처한 상황을 꿈속에서 마주하면서 그때의 심정을 상상할 수 있는 것이다. 꿈은 다양하게 해석될 수 있다. 마찬가지로 사람들이 범죄 소설을 즐겨 읽는 이유도 다양하다. 범죄 소설의 기능 중 하나는 위험 없이 안전한 상황에서 살인 사건 같은 것을 만들어 내고 허구 속에서 죽음의 비밀을 밝히는 것이다.

장르 문학이라는 옷을 입지 않은 죽음은 사람들이 즐겨 이야기하지 않는다. 다만 '죽음 연구자'로 알려진 몇몇 철학자나 사회학자는 죽음을 자주 이야기한다. 랑크라면 이런 개개인들도 진정한 죽음의 공포를 애써 잊으려고 노력하는 사람들이라고 주장할 것이다. 죽음 연구자들은 철학적 탐구를 거쳐 감각된 불멸을 손에 넣으려고 노력하며 다른 한편으로는 죽음이라는 주제를 용기 있게 마주 보는 스스로를 영웅이라 자화자찬한다. 이들 개인이 얼마나 용감한 사람인지는, 논문이나 탁상공론으로 죽음을 마주할 때가 아니라 실제로 죽을 때가 되어서야 드러날 것이다. 대부분의 사람들이 일상생활을 할 때 죽음을 애써 잊고 지내는 것이 사실인지 알아보기는 어렵다. 일반적인 정신 분석 비평에 따르면, 우리가 죽음을 애써 잊고 지낸다는 이론을 두고 찬반양론으로 나뉘어 팽팽하게 대립한다는 것 자체가 그것이 존재한다는 사실을 뒷받침한다.

철학자 에른스트 투겐트하트Ernst Tugendhat는 자신의 에세이 《죽음에 관하여》에서 반대 의견을 주장했다.[21] 투겐트하트의 의견을 보면 우리가 죽음을 애써 잊게 만드는 독자적인 힘(무의식적인 과정)은 존재하지 않는다. 오히려 그 반대로, 삶 지향성이라는 긍정적인 힘 덕분에 모든 사람이 자신의 세상 중심에 설 수 있다. 인간은 자기 보존 욕구가 있어야만 생존할 수 있다. 그렇기 때문에 인간은 살고자 하며 죽음이라는 주제를 자주 언급하지 않는다. 생물학적으로 살아남는 것을 지향하는 존재이기 때문이다. 우리는 평소 일상적인 것에 온 신경을 집중하기 때문에 죽음까지 눈길을 돌릴 겨를이 없다. 그래서 특별한 과정이나 힘이 없어도 죽음을 잊고 살 수 있다.

오래 사는 진정한 열쇠, 카르페 디엠

삶의 덧없음과 불가피한 죽음에 관한 생각은 결국 우리 인생에서 중요한 주제다. 또 다른 중요한 것이 있다. 바로 각 개인이 자신에게 주어진 삶의 시간 동안 무엇을 하느냐다. 고대 로마의 정치가이자 철학자인 루키우스 안나이우스 세네카Lucius Annaeus Seneca가 자신의 저서 《인생의 짧음에 관하여》에서 이 주제를 다루었다.

"우리에게 주어진 시간이 짧은 것이 아니다. 다만 우리가 많은 부분을 낭비하는 것이다. 우리에게 주어진 삶은 충분히 길며, 만약 우리가 낭비 없이 투자하기만 하면 가장 높은 성취를 이룰 수 있을 정도로 넉넉하다."[22]

세네카는 1세기경 지금의 스페인 코르도바에서 태어났고 고대 로마에서 당대 존경받는 지식인으로 꼽혔다.[23] 그는 오늘날까지도 많은 사람들에게 영향을 미친다. 세네카가 남긴 가르침은 우리 삶에도 해당하는 부분이 많다. 스토아학파의 철학자 세네카는 사람들이 그들의 눈에 중요해 보이는 일들을 하려고 바쁘게 움직이지만 그럼에도 전혀 만족하지 못하고 사는 모습을 비웃었다. 사람들은 은퇴하고 나면 받을 **보상**을 기대하며, 그때가 되면 자신의 삶을 돌보리라 생각했다.

사람들은 늘 이렇게 말한다.
"쉰이 되면 은퇴하고 편하게 살 거야. 환갑이 되면 모든 의무에서 자유로워질 거야."
그 이후의 삶은 누가 보장하는가? 그들이 결정한 대로 삶이 흘러간다고 누가 말하던가?
삶이 끝나야 할 때 삶을 살기 시작하다니, 얼마나 늦은 일인가!

삶의 유한성을 잊다니 얼마나 어리석은가! 대부분의 사람은 그만큼 살지도 못하는데 쉰, 예순이 될 때까지 인생의 모든 이상적인 계획을 미뤄 두고 그때부터 삶을 시작하려 하다니!

스토아학파의 도덕적인 가르침이 그대로 드러나는 대목이다. 앞서 언급했듯이 우리는 자신의 유한성을 자주 잊어버린다. 말하자면 이런 연구는 세네카가 말했듯 대부분의 사람들이 삶의 유한성을 부정하며 산다는 사실을 굳게 뒷받침한다. 사람은 나이를 먹어서도 삶의 유한성을 종종 잊는다. 우리가 삶은 짧으며 시간은 점점 빨리 흐른다고 생각하는 이유는 그저 그것을 낭비했기 때문이라고 세네카는 말한다. 시간 낭비란 일요일 오후에 소파에서 여유롭게 보내는 시간만을 의미하지 않는다. 세네카는 무조건적인 노동 윤리에 특히 반대했다. 스스로 선택한 일은 물론이고 다른 활동에 많은 시간을 빼앗기는 바람에 우리가 스스로를 진정으로 충족시키고 감정적으로 풍요로운 삶을 꾸릴 활동을 할 길이 가로막힌다는 것이다.

이쯤에서 모두 자신의 인생을 돌아보자. 지금 현재 내가 진정으로 하고 싶은 일을 가로막는 것은 무엇인가? 삶이란 우리가 그것을 올바르게 사용할 방법만 알고 있다면 긴 것이다. 인지심리학 분야에서는 이렇게 표현한다. 변화가 많고 감정적으로 풍족한 삶을 살며 시간을 보내면, 오래 살 수 있다.

6

자아와
시간

……………… 심신 문제를 해결할 새로운 방법이 등장했다. 자의식, 즉 자기 자신에 대한 의식은 뇌섬엽에서 발생하는 신경학적 활동과 연결된 신체 상태를 지속적으로 지각함으로써 발생한다. 나와 시간은 무료함 속에서도 존재한다. 그리고 일상이 바빠지고 사회가 빠르게 돌아가기 시작하면 나와 시간은 모두 사라진다. 마음챙김 명상을 하고 감정을 조절하면 느껴지는 삶의 속도가 줄어들고, 우리는 시간을 아껴 자기 자신과 주변 사람들을 위해 쓸 수 있다.

　　　　지각이라는 개념에 꼭 필요한 요소는 지각하는 사람이다. 우리가 바로 지각하는 사람이다. 정말 당연한 말이다. 우리는 스스로를 관찰해야만 자기 자신을 지각할 수 있다. 나는 나를 느끼고, 나에 관해 생각한다. 그렇다면 내가 자아 성찰의 대상일 때 그 주체는 누구인가? 스스로를 관찰할 때, 나 자신은 관찰의 대상이다. 주체를 대상이 아닌 주체로서 명료하게 파악할 수 없는 이 상황이 철학 문제로 이어진다는 사실을 쉽게 알 수 있다. 스스로를 관찰하기 시작하는 순간, 나는 내 관찰의 대상이 된다.[1]

　주체를 관찰하고 분석할 때 발생하는 문제를 피해 지각과 지각의 표적(대상)에 집중한다 하더라도 '나'를 언급하지 않고는 넘어갈 수 없다. 그리고 이런 문제는 나를 관찰할 때뿐만 아니라 이 세상의 모든 다른 대상을 관찰할 때도 발생한다. 현재의 지각, 그러니까 시각적 인상과 청각적 인상은 물론이고 감정이나 욕망, 고통은 그것을 품고 있는 누군가와 연결될 수밖에 없다. 독일의 철학자 람베르트 비징Lambert

Wiesing은 다음과 같이 표현했다.²

"나의 지각이 존재하므로, 나 또한 현실에서 이 지각을 지각하는 주체로서 존재해야만 한다."

"누군가가 존재한다면 그를 위한 무언가 또한 존재할 수밖에 없다."

"지각하는 사람은 자신의 지각과 분리될 수 없다."

현상학을 지향하는 철학자들이 주장했듯이 자기 자신을 의식하는 것은 부가적이거나 특별한 정신 상태가 아니라 모든 경험에 내재된 특성이다.³ 나의 지각은 **나**를 포함한다. 하지만 주체는 현상적 관찰 대상일 수 없다. 이것은 우리가 측정할 수 있는 일이 아니다. 또한 우리가 그 특성을 묘사할 수 있는 현상도 아니다. 스코틀랜드 출신의 철학자 데이비드 흄David Hume은 그가 가진 모든 지각을 동원해 노력했음에도 **나**를 찾지 못했다며 이 문제를 지적했다. 덴마크의 철학자인 단 자하비Dan Zahavi는 '주체'의 대상화라는 문제를 피하려면 경험의 '주체'가 아니라 경험의 '주체성'에 관해 논의해야 한다고 말했다.⁴ 경험의 '주체성'이라는 개념을 논의할 때 우리는 '나라는 대상'을 격리하거나 분리해서 관찰하지 못한다. 나, 즉 자아는 경험의 일부분이기 때문이다. 람베르트 비징은 이 주제를 약간 변형해 지각할 때는 '나'가 존재하지만 "그것은 실질적인 '나'가 아니라 별자리 속의 극점과도 같은 '자아'다."라고 표현했다.

여기서 말하는 별자리는 에드문트 후설이 주장한 '의식의 지향성'과 일맥상통한다. 어떤 대상을 지향하는 주체는 그 자체로 지각의 대상이 아니다. 즉 '주체성'이란 지향적인 지각 활동의 일부분이라고 할 수 있다.

그렇다면 자아란 무엇인가? 나는 나 자신을 생각하고, 느끼고, 행동하는 인간으로서 경험한다. 그리고 나라는 인간은 존재한다. 이처럼 의식적인 자아 감각은 신체적인 현존은 물론이고 서사적인 요소, 즉 나라는 개인만의 이야기에서 만들어지는 근본 감정이다. 이런 맥락에서 주체가 아니라 주체성에 관해 더 정확히 논의하려면 자아는 사물이 아니라 과정일 뿐이라고 말한 독일의 철학자 토마스 메칭거 Thomas Metzinger를 언급해야 한다.[5] 메칭거에 따르면 주체적인 경험, 즉 자아는 뇌의 복잡한 활동에서 생겨난다. 말하자면 자아는 실체를 가진 존재가 아니라 뇌 활동 과정에서 만들어진 구성물이다. 이 이론에 따르면 뇌는 활동하면서 자아상을 만들어 낸다.[6] 이를 통해 나는 나 스스로를 인식한다.

의식과 의식에 따른 자의식은 현상학적 측면에서 공간적이고 시간적인 현존으로 묘사된다. 의식은 구체성과 현세에 연결된다. 나는 나라는 존재를 신체가 있고 시간이 지나도 계속 존재하는 것으로서 경험한다. 뇌 과학 분야의 언어로 설명하자면, **지금**이란 서로 조화되어야 하는 다양한 뇌 활동의 시간적 준거 기준이다.[7]

이때 역학적이면서 공간적으로 분리되어 있던 뇌의 활동 과정이 의식을 조화시키기 위해 서로 연결되고, 시간적 연속성 속에서 활동을 이어 간다. 나는 나 자신을 구형적인 존재로서 느끼는 한편 순간을 넘어 시간 속에 지속적으로 존재하는 것으로서 느낀다. 비징은 또 다음과 같이 말했다.

"지각이란 …… 지각하는 사람에게는 자신이 시간 속의 공간적인 무언가이며 공간 속의 시간적인 무언가라는 필수적인 확신이다."

의식을 연구하다 보면 필연적으로 자아, 시간, 신체라는 개념이 한데 묶여 등장한다. 현존이란 시간적으로 지속하는 신체적이고 정신적인 자아를 지각하는 것이다. 자의식이란 스스로의 존재를 시간적으로 지속하는 것이자 신체적으로 존재하는 것으로서 인식한다는 뜻이다.

포괄적인 정서적 순간

곰곰이 생각해 보면 자의식이 있다는 건 놀라운 일이다. 사람이 점차 스스로를 의식하면 그 안에서 자연 또한 스스로를 의식한다.

"자연은 사람의 내면에서 눈을 뜨고 자신이 그곳에 있다는 사실을 깨닫는다."[8]

전율이 이는 생각이다. 나라는 존재를 통해 자연이 스스로가 존재한다고 깨닫는다. 세상이 스스로를 인식한다. 이는 철학의 근본이다. 또한 자연과학자들이 자연에서 자기 인식이 어떻게 이루어지는지를 이해하는 기초이기도 하다. 우리는 자연물이고 신경생물학은 그 자연적인 한계 내에서 자의식이 어떻게 생겨나는지 연구하는 학문이다. 의식의 생성에는 어떤 뇌 활동이 관여하는가? 이 질문에 관한 신경과학적 답변에는 현상학적 분석을 강조한 구성 요소가 있어야 한다. 그리고 신체 지각과 시간 지각의 근본에 놓인 신경학적 과정이 동일시되어야 한다.

현존은 근본적인 측면에서 보면 계속해서 신체를 의식하는 것이다. 한편 스스로를 정신적인 존재로서 의식하는 것은 지속과 연결된다. 즉 나는 스스로를 시간적으로 지속하는 것으로서 지각한다. 과정으로서의 자의식은 시간적이고 신체적인 현존의 발생과 지속이다. 달리 말하자면 앞선 질문은 다음과 같다. 뇌의 어느 지점에서 어떻게 신체를 자각하고 시간이 지속된다는 것을, 시간의 흐름을 인지하는가?

이 질문에 모두가 만장일치로 동의하는 답이 없는 것도 놀랄 일은 아니다. 누가 의식의 신경학적 근원을 파헤쳤다고 나설 것이며 이 모든 내용을 전부 이해했다고 말할 것인가? 만일 그런 사람이 있다면 그 사람은 심신 문제를 풀었다는 뜻이다. 그러나 아직까지 뇌의 어디에서, 어떻게 의식이 생겨나는지 모두가 동의하는 이론은 없다는 점을 알아야 한다. 심지어는 많은 철학자와 신경과학자들이 애초에 이 질문을 이해하지조차 못했다고 말한다.

우선 의식이 만들어질 수 있다고 전제할 조건이 필요하다. 즉 뇌에서 어떤 최소한의 활동이 일어나야 한다. 이 활동이란 뇌간과 시상을 거쳐 대뇌까지 이어지는 그물체*가 피질의 긴장 상태를 유지하는 것이다. 이로써 사람이 각성할 수 있음은 물론이고 시간과 공간 안에서 방향 감각을 찾을 수 있다.[9] 그물체의 해부학적 구조가 손상되면 사람이 더 이상 각성 상태를 유지하기 어렵고, 심하게 손상되면 혼수상태에 빠진다. 그래서 그물체의 활성화 기능은 의식의 충분조건은 아니지만 필요조건이라고 할 수 있다.

뇌에서 일어나는 특정한 과정이 의식과 어떤 연관이 있는지 새롭고 걸출한 이론을 내놓은 사람이 바로 신경과학자 안토니오 다마지오다.[10] 그는 신체의 여러 신호를 만들어 내는 뇌 부위와 뇌에서 일어나는 과정에 흥미를 느꼈다. 이른바 '내수용 감각'**, 즉 신체와 신체 기능을 지각하는 것은 스스로를 지각한다는 확고한 예시다. 다마지오는 이를 '핵심 의식'***이라고 불렀다.

다마지오는 또 다른 요소를 언급했다. 바로 감정이 신체 상태에 의존한다는 것이다. 그래서 우리는 자신의 감정을 설명할 때 신체 상태를 묘사한다. 예를 들어 긴장했을 때 속이 울렁거린다고 말하거나 사랑에 빠졌을 때 무릎이 풀린다고 말한다. 혐오스러울 때 구역질이 난

---

* Reticular formation, 신경 세포와 신경 섬유 집단

** Interoception, 내부 수용 감각이라고도 하며 운동 감각이나 평형 감각, 내장 감각과 같은 신체 내부의 감각이다.

*** Core consciousness, 기본 의식이라고도 하며 기억이나 추론, 언어의 영향을 받지 않는다. 지금 이 순간의 의식이다.

다고 말하거나 불안할 때 심장이 입 밖으로 튀어나올 것 같다고 말한다. 감정은 근본적으로 흥분과 이완 사이를 오가는 신체의 반응과 연관이 깊다. 생각과 동기는 더 높은 차원에서 근본적인 신체 반응과 섞이고 복잡한 긍정적 감정 또는 부정적 감정으로 표현된다. 다마지오가 주장했듯이 주변 상황 및 내면의 신체 상태와 역동적으로 맞물리는 감정은 한 사람의 의식을 가장 잘 표현하는 신호다. 의식이 혼탁한 환자들은 아무런 감정 표현이나 표정을 드러내지 않는다고 묘사된다. 다마지오는 핵심 의식이 신체 반응을 책임지는 뇌간 상부 및 뇌섬엽 부위에 깃들어 있다고 말했다.

뇌섬엽, 대뇌섬 혹은 섬피질이라고 불리는 뇌 부위는 포유류의 대뇌피질 일부분이다. 뇌섬엽은 근본적인 피질 부위로 내수용 감각, 즉 신체 지각을 책임진다. 내수용 감각과 반대로 신체 외부의 세상에서 발생하는 일을 지각하는 것을 '외수용 감각'[*]이라고 한다. 영국의 생리학자 찰스 셰링턴Charles Scott Sherrington과 후에 미국의 신경과학자 버드 크레이그A. D. (Bud) Craig 및 다른 과학자들이 이 개념에 의존해 내수용 감각을 정리했다. 내수용 감각은 뇌섬엽에 통합되어 신체에 전해지는 신호를 지각한다. 여기서 신체 외부의 자극을 통해 지각하는 감각은 온도 감각, 촉각, 통각, 간지러움, 근육과 장기의 감각, 허기와 목마름 등의 감각, 힘을 쓰고 난 후 크게 숨을 들이켜고자 하는 감각 등이다.

---

[*] Exteroception, 외부 수용 감각이라고도 하며 외부의 자극을 통해 일어나는 감각. 시각, 청각, 미각, 촉각 등이 있다.

뇌의 시상은 의식의 문이라 불린다. 후각 체계를 제외하고는 모든 감각의 신호가 시상핵을 통해 대뇌에 도달하기 때문이다. 이런 신체적 신호는 이어서 뇌섬엽의 하부(뒤쪽)에 도달하는데, 이곳은 신체의 생리학적 조건이 처음으로 만들어지는 장소다.[11] 그러나 이렇게 신체로 들어온 신호가 대뇌피질에서 처음으로 처리될 때 의식적인 경험이 동반하지는 않는다. 신호는 뇌섬엽의 하부(뒤쪽)에서부터 상부(앞쪽)로 이동하면서 단계적으로 처리된다.[12] 이렇게 단계적으로 이어지는 처리 과정은 신호를 사고 및 감정의 처리 과정에 통합하는데, 사고 및 감정을 처리하는 과정에는 뇌섬엽과 연결된 다른 여러 뇌 부위에서 전해진 신경학적 신호 또한 흘러들어 온다. 이때 신체적 상태를 지각한 내용이 외부 감각, 사회적 상황, 사고 과정, 동기 부여 상태 등 다른 조건과 합쳐져서 경험이 된다. 이런 신호의 통합 과정이 뇌섬엽 상부에서 정점에 이르면서 현재 상황과 관련된 모든 정보가 하나로 합쳐진다.

버드 크레이그는 한순간에 전해져 통합되는 모든 감각을 '포괄적인 정서적 순간Global emotional moment'이라고 불렀다. 이것은 **나**라는 존재가 지금 이 순간 신체적으로, 정신적으로 현존한다는 뜻이다. 포괄적인 정서적 순간은 뇌의 여러 과정을 거쳐 생겨난다. 이것은 자극이 뇌섬엽 상부로 모였다가 다시 같은 위치에서 발산하는 과정과 연결된다. 현상학적 단계에서 주체성이 만들어진다. 나는 나 스스로와 주변 환경을 감각하는 주체로서 지각한다. 어느 순간에든 나는 현재 지각하는 존재로서 이미 과거가 된 순간과 연결되며 앞으로 다가올 순간을 예상한다. 내가 나를 과거의 순간에 비추어 보고 행동하는 존재로서 미래에 투사할 때 자의식이 만들어진다. 즉 자의식이란 이와 같은 시간적인 관계성이 있어야 만들어지는 것이다.[13]

그런 다음 시간을 거쳐 통합된 자기 자신의 정서적 순간과 동시에 자의식 경험이 발생한다. 이것은 뇌섬엽 상부에서 일어나는 뇌 활동 과정과 연결된다. 말하자면 지금 이 글을 쓰고 있는 나는 단순히 컴퓨터 모니터를 바라보고 있는 것이 아니라, 약간의 허기를 느끼며 의식이란 어떻게 생겨나는지에 관해 글을 쓰고자 하는 마음가짐과 함께 의자에 앉아 있는 것이다. 뇌섬엽 상부에서 정점에 이르는 신경생리학적 활동 과정을 거쳐 인간은 자기 스스로를 의식하며, 그 결과 **나**라는 존재가 탄생한다. 철학적인 분석을 더 선호한다면, '주체성'이 탄생한다고 말할 수 있다.

심신 문제를 해결하는 법

뇌와 의식이 연관되어 있다는 주장을 비판하는 견해도 있다. 우선 자의식이 반드시 뇌섬엽 상부에 존재하는 것은 아니라는 의견이다. 뇌섬엽에 의식이 '깃들어' 있는 것은 아니라는 말이다. 오히려 그 반대로, 몸 전체에 분포한 신경학적 신호가 마치 파도와도 같은 처리 과정을 거쳐 뇌섬엽으로 흘러들어 간다는 주장이다. 이 신호는 뇌섬엽에서 뇌의 다른 부위로 모여든 신호와 만나 상호 작용을 하고, 뇌섬엽 상부에서 계속 처리된다. 이런 복잡한 과정이 이루어진 결과 현존이라는 주체적인 감정, 버드 크레이그가 사용한 용어에 따르면 '포괄적인 정서적 순간'이 생겨난다.

여기서 끝이 아니다. 현재 상태를 지각하는 것과 뇌섬엽 상부에서 발생하는 활동 과정이 연결되듯 뇌섬엽 근처에 있는 뇌 부위에서 발생하는 과정이 지각한 상태에 대한 반응을 만들어 낸다. 기본적인 신체 감각이 하는 역할은 결국 신체 상태를 항상적으로 제어하는 것이다. 항상성이란 역학적인 균형을 만들어 내는 유기체의 조정 작용을 말한다. 목마름을 인식하면 우리는 물을 마신다. 배가 고프면 먹는다. 너무 더우면 그늘을 찾아간다. 뇌섬엽이 신체의 상태를 감각으로 드러내는 역할을 하며, 이를 거쳐 행동이 유발되는 것이다. 이때 전측 대상피질*이 매우 중요하다. 이것은 신체 상태를 행동 지침으로 바꾸어 주는 역할을 한다.[14] 이런 신호가 발생하면 비상 상황이나 문제에 의식이 집중되고 신체적인 반응이 발생한다. 생리학적으로 보면 이것은 자율 신경계의 반응이다. 어떤 상황이 발생하면 신체의 여러 기관이 그 상황에 적응한다. 그런 다음 우리 몸이 복잡한 행동을 전개한다. 사람이 목마름에 반응해 물병을 손에 쥐는 것처럼 말이다. 뇌섬엽 상부와 전측 대상피질 사이의 밀접한 기능적 연결성은 fMRI 같은 기술을 활용해 감정의 지각을 알아본 연구에서도 잘 드러난다. 연구를 해 보니 두 부위가 함께 유기체의 자기 제어를 조절한다는 것을 알 수 있었다.

---

* Anterior cingulate cortex, ACC. 스트레스를 관장하며 정신적, 신체적 고통을 활성화하고 통제 기능에 관여하는 것으로 추정되는 뇌의 부분이다.

이와 관련해 캘리포니아 대학교 샌디에이고 캠퍼스의 마틴 파울루스Martin Paulus가 주장했듯이 약물 중독이나 불안 장애 같은 정신 질환을 항상성 처리 과정의 장애라고 말할 수 있다는 점은 흥미롭다.[15] 약물 중독자는 신체 감각을 급격하게 변화시키는 데 필요한 물질인 약물을 손에 넣고 싶다는 강력한 욕구를 느낀다. 비정상적일 정도로 말이다. 건강한 사람인 우리의 일상에서도 이런 모습은 흔하다. 예를 들어 우리는 아침마다 정신을 또렷하게 하려고 진한 커피를 마시는 데 익숙하다. 늘 마시던 카페인을 섭취하지 않으면 금방 피곤해진다. 어떤 사람들은 커피가 없으면 일할 때 도저히 능률이 오르지 않는다고 말한다. 나의 현재 상태와 내가 도달하고자 하는 상태가 너무 멀리 떨어져 있는 것이다.

정신 질환으로 분류되는 불안 장애는 살면서 마주하는 불안전한 상황에 매우 강한 반응을 보이는 상태를 말한다. 불안하다는 이유로 세미나 같은 특정한 상황을 피하는 사람들의 경우, 예정된 미래의 불안(예측된 현재 상태)과 안전한 상태(지금 경험하는 상태)의 간극이 매우 크다. 이때 뇌섬엽과 신체 감각이 중요한 역할을 한다. 마틴 파울루스와 머리 스타인Murray Stein이 제안한 모델에 따르면 뇌섬엽 상부의 활동은 현재 감각과 미래 상황을 상상한 감각 사이의 균형을 잡는 데 꼭 필요하다.[16] 불안 장애 환자들의 경우 상상한 미래의 불안 상황과 현재의 불안하지 않은 상황 사이의 차이가 훨씬 크다. 그렇기에 회피하려는 행동이 나타난다.

여러 실험에서 드러났듯이, 불안 장애 환자들의 뇌섬엽 상부 활동은 비교군 실험 참가자들에 비해 훨씬 강력했다. 그리고 뇌섬엽의 활동이 증가하자 불안도 같이 증가했다. 이것은 외상적인 현상에 관한 지각과 신체 및 감각 지각을 담당하는 뇌 부위의 신경학적 활동이 서로 연결된다는 또 다른 증거다. 한편 온도 자극에 따른 뇌섬엽의 활동과 외적인 현상에 관한 지각 사이에도 점진적인 연관성이 있다는 점이 밝혀진 것은 인상 깊다.[17] 주관적으로 평가한 온도가 높을수록, fMRI 촬영 결과 나타난 우측 뇌섬엽 상부의 활동 또한 강해졌다. 물리적인 온도가 뇌섬엽 하부의 활동과도 연관이 있다는 점에도 주목해야 한다. 뇌섬엽 하부의 활동은 물리적인 온도 변화에 따른 신체 반응을 나타내며, 뇌섬엽 상부의 활동은 주관적인 온도 경험을 나타낸다.

앞서 심신 문제를 해결할 가설이 제시되었지만, 이에 관한 근본적인 의문은 아직 풀리지 않고 남아 있다. '현상적 의식'* 과 신경학적 과정 사이의 연결에 뇌섬엽이 관여하며, 이 사실은 앞으로 신경생물학 분야의 확고한 법칙이 될 테다. 그렇지만 아직 '설명적 간극Explanatory gap'**이 존재한다. 신경생리학적 사건에서 지각과 감정의 주관적인 특성이 어떻게 생겨나는지를 설명할 수 없기 때문이다.[18] 이것은 철학에서 감각질 문제라고 불리며, 설명적 간극을 의미한다. 뇌가 어떻게 기능하는지를 낱낱이 이해한다고 하더라도 현상적인 의식의 내용(감각질)이 어떻게 생겨나는지는 알지 못할 것이다. 현상적 의식이란 늘

---

*   Phenomenal consciousness, 경험의 주관적이고 질적인 특성, 감각질과 같은 특성
** 조셉 레빈이 한 주장. 신경 상태와 의식 간에 맺는 관계에 관해 설명이 불가능하다.

뇌의 특정한 활동 과정과 연결되지만, 이 신경생리학적 사건(신경 시스템, 신경 전달 물질, 시냅스 등)은 나의 개인적인 감각과는 완전히 다르다. 많은 철학자들이 이 간극은 원칙적으로 극복하기 어렵다고 말한다.

신경생물학의 연구

신경해부학자들이 폰 이코노모 뉴런(Von Economo neuron, VEN)이라는 아주 특별한 뇌세포를 의식과 연결한 것은 신경생물학 분야에서 중요한 연구 성과다.[19] VEN은 뇌섬엽 상부와 전측 대상피질에 쌓여 있다. 이 뉴런은 우선 크기가 다른 뉴런과 다르다. 주변을 둘러싸고 있는 신경 세포(Pyramidal cell, 추상 세포)보다 크기 때문이다. 그리고 세포체에서 두 개의 돌기가 뻗어 나온 방추 모양이다. 지난 몇 년 동안 과학자들은 VEN이 자의식이 있는 고등 포유류에게서 발견된다는 점을 확인했다. 이 뉴런을 가지고 있는 동물은 복잡한 사회적 상호 작용을 할 수 있다.

유인원에게서도 당연히 VEN이 발견된다. 다만 인간과 계통이 먼 유인원일수록 VEN의 수가 적다. 침팬지나 보노보와 같은 유인원은 VEN이 고릴라보다 많고, 고릴라는 VEN이 오랑우탄보다 많다. VEN은 고래나 돌고래, 코끼리에게서도 발견된다. 지금 언급한 동물 종은 모두 '거울 실험'을 통과한 동물들이다. 이 동물들의 이마나 머리 같은 거울로만 확인할 수 있는 신체 부위에 얼룩을 묻힌 다음 거울을 보여 주면, 동물들은 얼룩을 가만히 응시하거나 지우려고 했다. 즉 이 동물들은 자아상이 있고, 그렇기 때문에 거울에 비친 자기 자신을 알아보는 것이다. 하지만 다른 동물 종은 거울에 비친 자신을 동료 혹은 적으로 간주하고 가까이 다가가거나 위협했다. 그렇다면 뇌섬엽 상부와 전측 대상피질에 쌓여 있는 VEN이 의식 발생에 결정적인 역할을 하는지도 모른다.

지루함, 괴로운 시간과 나

홍콩에 갔을 때의 일이다. 건물이 촘촘하게 모인 도시와 바다의 만, 고층 빌딩의 숲, 나무가 우거진 섬이 내려다보이는 그림 같은 산 위 작은 공원에 철장이 하나 있었다. 가로세로가 각각 5미터쯤 될까. 이 철장 안에는 외로워 보이는 침팬지 한 마리가 얕은 돌기가 우둘투둘한 고무 바닥에 앉아 있었다. 자세한 모습은 기억나지 않지만, 아무튼 그 철장 안에는 침팬지가 갖고 놀 만한 것이 거의 없었다. 나는 몇 분 동안 침팬지를 관찰했다. 침팬지는 앉아 있기보다는 누워 있는 시간이 더 길었다. 심드렁한 표정으로 다 낡아 빠진 고무 바닥의 돌기를 연거푸 손가락으로 두드렸다. 무심한 눈길은 돌기에 고정한 채였다. 한숨 소리가 들린 것 같았다. 침팬지가 매우 지루해하고 있다는 걸 느끼자 동정심이 일었다.

이처럼 동물에 인간적인 특성을 부여하는 의인화는 매우 위험한 행동이다. 하지만 지난 몇 년 동안의 연구 결과는 침팬지가 자의식이 있는 동물로서 지루함은 물론 시간의 흐름까지도 인간과 비슷한 수준으로 느낄 수 있다는 점을 증명한다.

사람도 마찬가지다. 한 공간에 갇혀 정해진 일정대로 단조로운 일상을 살아야 하는 수감자들은 극단적인 수준의 지루함을 느낀다. 많은 일반인들이 일요일 오후에 느끼는 감각도 이와 비슷하다.[20] 일요일 오후에는 시간이 더디게 흐른다. 부정적인 의미에서 지루함은 흐르지 않는 것 같은 시간을 매우 자세하게 느낀 결과다. 이때 사람은 불편할 정도로 자기 자신과 가까워졌다고 느끼지만, 뭘 해야 할지는 모른다. 지루함이란 시간 속에 사로잡혀 있는 스스로를 지각하는 일이다. 이때 시간 지각과 주체성 지각이 동시에 일어난다. 지루함은 불편할 정도로 자기 인식과 시간 지각을 강조한다. 그러면 현재 상태가 스스로를 제어하기 위해 이렇게 외친다.

"뭐라도 좀 해!"

그래서 지루함을 느낀 사람은 그 상황을 피하거나 거부한다. 그러나 시간이 느릿느릿 지나가는 일요일 오후에서 벗어날 방법은 없다. 영화관에 가거나 친구를 만나려는 생각 또한 그리 매력적이지 않다.

지루한 일요일 오후, 나는 나 자신과 시간을 더 뚜렷하게 의식할 수밖에 없다. 자기 인식에 관한 신경생물학적 연구 결과와 현상학적 분석 결과는 지루함이라는 감각이 뇌섬엽 상부의 활발한 활동과 연관이 있다는 점을 제시한다. 뇌섬엽과 관련이 있는 모든 현상학적 요소는 지루함에서도 그대로 드러난다. 보편적으로는 유형성과 감동성이고 특수하게는 고조된 주체 감각과 시간 감각이다. 철학적인 문장으로 다시 설명하자면 "자연은 권태 속에서 아주 불편한 자기 인식을 이루어 낸다."라고 할 수 있다.[21] 이 감각은 스스로에 대한 자각은 물론이고 공허함이라는 감각과도 맞닿아 있다. 마치 관찰의 대상(나의 자아)이 텅 비어 있기라도 하듯이 말이다. 하지만 이런 공허함을 지각할 때 주체성은 매우 강해진다.

시간 제어

지루함이 지나치게 늘어난 시간을 의미한다면, 지나치게 짧은 시간이란 무엇일까?

자아 감각이 지나치게 강해진다는 불편함이 지루함과 함께한다면, 그 반대로 시간이 없다는 감각은 자기 자신을 덜 지각한다는 뜻일 테다. 마르틴 하이데거Martin Heidegger는 시간과 존재를 하나로 보는 철학을 전개했고[22] 한 강연에서는 지루함을 주제로 삼아[23] '시간이 없다'는 보편적인 불평에 관해 이렇게 말했다.

> "결국 '시간이 없다'는 의식은 시간을 전부 사용하는 그 어떤 시간 낭비보다 더 심각한 자아의 상실일 것이다. …… 이렇듯 시간이 있다는 데에는 훨씬 거대한 균형과 그로 인한 현존재의 안정성이 있다. 바로 자기 자신의 곁에 있다는 것인데, 이때 우리는 현존재의 근본은 바쁜 활동이나 조급함으로 억지로 만들어질 수는 없다는 사실을 어렴풋이나마 인식한다. …… 매우 엄격하고 진지하게 보이는 '시간이 없다'는 의식은 아마도 현존재의 진부함을 가장 많이 상실하는 것이다."[24]

이 인용문의 핵심은, 시간이 없다고 말하는 사람은 결국 자기 자신을 상실한 것이나 마찬가지라는 뜻이다. 일상의 의무에 정신을 빼앗긴 우리는 스스로를 지각하지 않는다. 이 일을 했다가 곧바로 저 일을 하는 등 바쁘게 살며 자유 시간을 거의 갖지 않는 사람은 많은 것을 경험한다. 그런데 제대로 휴식을 취하거나 스스로를 돌아보지 않고 서둘러 다른 행동을 한다면 아무런 의미와 이해도 없이 쳇바퀴처럼 돌아가는 활동 속에서 스스로를 상실할 위험이 있다. 앞서 언급한 인용문을 짧게 줄이자면 다음과 같다. "시간이 없으면 나도 없다." 최근에는 이 주제와 시간 위기라는 주제가 사회와 기술이라는 맥락에서 논의되고 있다.[25]

이와 관련하여 사회학자 하르트무트 로자Hartmut Rosa의 《가속화》에서는 이렇게 말하고 있다. 포괄적인 가속화가 이미 우리 사회의 근본 원칙이 되었으므로 더 이상 개인이 가속화에서 벗어날 방법은 없다고 말이다. 처음에는 기술적인 가속화가 이루어졌다. 세탁기나 식기세척기 같은 가전제품의 개발은 사람들에게 시간적인 여유를 선사한 긍정적인 예시다. 또한 19세기 중반처럼 하루 종일, 혹은 일주일 내내 목적지로 향하는 대신 오늘날 우리는 현대적인 교통수단 덕분에 아주 짧은 시간에 전 세계를 여행할 수 있다. 모순적인 상황이다. 발전된 기술의 도움으로 시간에는 여유가 생겼는데, 대부분의 사람들은 시간이 많아졌다고 느끼지 않으니 말이다. 오히려 그 반대로 대부분의 현대인들이 "시간 없어!"라는 말을 달고 산다. 이는 기술이 발전하면서 우리가 하루 동안 할 수 있는 일의 양이 늘어나고, 그렇기에 자유롭게 사용할 수 있는 시간마저도 새로운 일이나 활동, 약속으로 꽉 채우고 있기 때문일 것이다.

기술의 가속화와 더불어 삶의 속도도 빨라졌다.[26] 우리는 정해진 시간 내에 모든 행동을 끝마치고자 한다. 그러다 보니 매 순간 필요한 시간이 점점 짧아진다는 생각이 든다. 시간적인 압박은 점점 커진다. 회사에서 동료들과 커피를 마실 때도 마음 놓고 쉬지 못한다. 그 시간이 지나면 다시 번개 같은 속도로 일해야 하기 때문이다. 그래서 사람들은 일을 해야 한다는 의무감에 휴식 시간을 줄인다. 시간에 압박을 받기 때문이다. 게다가 기술적 가속화 때문에 사람들의 기대도 바뀌었다. 예전에는 편지를 받으면 며칠 후에 답장을 쓰거나 심지어는 몇 주 후에 쓰기도 했다. 요즘에는 이메일이나 메시지를 받으면 몇 분 내에, 혹은 그날 이내로 답장을 써야 한다는 부담이 있다.

삶의 속도가 빨라진 결과로 당연하게 모든 것이 동시성을 띠게 되었다. 요리를 하는 동안에도 TV에서 나는 시끄러운 소리에 귀를 기울이고, 전화 통화를 하는 동안에도 빠른 속도로 이메일을 써서 보낸다. 우리는 여러 행동을 병행한다. 더 많은 일들을 동시에 할 수 있지만 어느 것도 제대로 하지 못한다. 점점 피상적으로 행동하게 된다.

현대 사회를 비판적으로 고찰하면 또 다른 넓은 포물선이 그려진다. 이 개념적 포물선의 시작은 시간성과 자아를 철학적으로 분석하는 것이다. 그리고 그 끝은 사회적 상태를 진단하는 것이다. 가속화를 비판하는 사람들은 이렇게 말한다. 삶의 가속화는 '실질적으로 인생을 살지 못하고 있다'는 불편함의 원인이라고 말이다. 사람은 모든 것들을 동시에 작업해서 더 빨리 완성해야 하지만 그 안에서 행동하는 주체인 자기 자신을 찾지는 못한다. 진정한 나와 만나지 못하는 셈이다.[27] 결국 우리는 더 이상 자신에게, 일에 집중하지 못한다. 원치 않은 순간에 휴대전화가 울리더라도 그 전화를 받아야 하기 때문이다.

이를 고려하면 모든 것이 빠른 문화 속에서도 느긋한 생활을 하는 것이 아주 나쁜 일은 아니다. 바쁘고 정신없는 활동에서 잠시 벗어나 명상 프로그램에 등록하는 것도 좋다.[28] 이미 우리는 마음챙김으로 현재를 사는 방법을 알 수 있음을 살펴보았다. 지금 우리에게 일어나는 일에 조금 더 집중하면 그 작은 변화만으로도 일상생활의 흐름을 주도적으로 제어할 수 있을 것이다.

굳이 이 책에서 시간 활용법을 알려 주지 않더라도 시간 관리는 자기 자신과 자신의 감정을 다루는 아주 현명한 방식이다. 빠른 시간 내에 처리해야만 하는 일을 제대로 관찰하고 인식하면, 어느 순간 산더미처럼 쌓인 일이 아주 작고 쉽게 해결 가능한 분량으로 줄어든다. 우리를 힘들게 하고 우리의 감정을 속이는 착각을 정확히 간파한다면 말이다. 곰곰이 생각해 보자. 어쩌면 당신을 힘들게 하는 것은 업무의 난이도나 양이 아니라 내일 만나야 하는 직장 동료가 아닐까? 미리 예측한 내일의 불편한 상황과 비교적 편안한 현재 사이의 괴리가 크다 보니 시간적으로 압박을 받는다는 감각이 생긴다. 말하자면 현실뿐만 아니라 우리의 상상이 그 압박을 만들어 낸다는 뜻이다. 아는 사람이 전혀 없는 파티에 가야 할 때 대부분의 사람들이 느끼는 사회적 압박과 비슷하게, 직장생활을 할 때는 주어진 시간 내에 끝마쳐야 하는 일을 생각할 때의 감정에 따라 시간적 압박이 발생한다.

우리는 마음챙김 명상을 훈련하면서 그 순간을 더 집중해서 경험하고 감정적 반응이 일어나는 실제 원인과 그 때문에 자동적으로 떠오르는 생각을 고찰할 수 있다. 감정을 스스로 제어한다는 감각을 손에 넣는다면 시간이 감속하는 듯 느껴질 것이다. 외국어를 배울 때와 마찬가지다. 처음에는 그 언어를 모국어로 쓰는 외국인들이 하는 말이 너무 빨라 한 마디도 알아듣지 못한다. 그러나 시간이 지나 언어 능력이 향상되면 외국어의 속도가 느려진 듯이 느껴진다. 이처럼 일상의 과제를 스스로 제어한다는 감각이 점점 더 빨라지는 사건의 속도에 제동을 건다.

외부의 요구 사항을 제어하면 우리는 원칙적으로 느긋해질 수 있다. 시간 스트레스는 정해진 시간 내에 해결해야 하는 일의 양 때문이 아니라 외부에서 쏟아지는 일을 스스로 제어하지 못한다는 감각 때문에 생기는 경우가 잦다. 그래서 직장 내 서열이 낮을수록 일하면서 느끼는 스트레스는 늘어난다.[29] 직장에서는 지위가 높을수록 일의 양과 일하는 시간이 늘어나는 경향이 있다. 그럼에도 승진하면 신체적, 정신적 스트레스는 점점 줄어든다. 그 말은 직장이라는 위계 구조 내에서는 상위 계급에서부터 하위 계급으로 주어지는 일이 많다는 뜻이다. 사장은 '한 번에 한 가지 일만'이라는 조직심리학 좌우명에 따라 얼마든지 한 가지 일만 할 수 있다. 하지만 그의 비서는 한 가지 일을 하다가도 갑자기 곧바로 끝내야 하는 새로운 일을 떠맡는다. 게다가 지도자의 위치에 있는 사람들이 무능하다면, 감정적인 부담이 더해지기 때문에 아랫사람들이 느끼는 시간적 압박은 더욱 강해진다.

 삶의 속도를 어떻게 제어해야 하는지 간략한 조언을 남기려고 한다.[30] 가장 중요한 것은 짧은 휴식이다. 예를 들어 흡연자들은 담배를 피우기 위해 일을 하다가도 잠시 쉬어야 하는데, 이는 휴식을 취하지 않는 비흡연자에 비해 이득이 된다. 몇 분만이라도 사람, 전화, 이메일, 보고서 작성 마감 시간 등에서 벗어나 바깥공기를 쐴 수 있기 때문이다. 이렇게 잠시 휴식을 취하는 동안 다른 아이디어가 떠오르기도 한다. 일과 중에 마치 의식을 수행하듯이 휴식한다면 다시 자기 스스로에게 집중하는 데 도움이 된다. 휴식 시간은 잠재적인 생각을 이끌어 내는 시간이기도 하다. 어떤 문제 상황을 생각에서 지워야 그 문제를 해결할 번뜩이는 아이디어가 떠오를 때도 있다. 이 시간은 머리를 식히는 시간이다. 쉬는 동안 우리는 어떤 일을 먼저 처리해야 할지 계획을 짤 수 있다. 그러면 아무런 형태도 없이 그저 뭉쳐 있는 덩어리같이 보이던 일이 갑자기 명료해진다.

 출장이 잦은 기업인들은 종종 아침에 호텔에서 눈을 떴을 때 자신이 어느 도시에 있는지 모르는 일이 있다고 말한다. 오늘 비행기를 타고 어떤 도시에 도착했다가 내일, 모레는 완전히 다른 곳에 있을 때가 많기 때문이다. 독일 프랑크푸르트에서 출발한 사람이 열 시간 뒤에는 만리장성 위를 지나 베이징 공항으로 향하는 비행기 안에 앉아 있을 수 있다니 가속화의 기술적 기적이다. 한편 여행객은 비행하는 시간 동안 새로운 세상에 적응해야 한다. 좌석에 딸린 작은 화면으로 멍하니 재미없는 영화를 보는 대신 자신이 도착할 나라의 문화를 공부

해 두는 편이 좋다. 기차를 타고 독일 남부 뮌헨에서부터 북서부 오스나브뤼크로 가는 여행객에게도 여행과 목적지에 집중할 충분한 시간이 주어진다.

우리를 힘들게 하는 또 다른 요소는 일하는 시간과 자유 시간이 겹치는 것이다. 신문이나 잡지에는 창의적이고 자주적인 사람들은 더 이상 자유 시간과 일하는 시간을 구분하지 않는다는 글들이 넘쳐난다. 물론 자유 시간과 일하는 시간을 구분하지 않는 것이 반드시 힘들고 괴롭기만 한 일은 아니다. 자율적으로 일하거나 일하는 시간에 따라 돈을 버는 사람들에게는 더 긴 노동 시간이 더 많은 돈을 의미하기도 한다. 하지만 정해진 시간만큼 일하고 정해진 월급을 받는 사람들이라면 퇴근하고 난 뒤에는 일할 때 쓰는 휴대전화를 꺼 두고 업무와 관련된 이메일은 업무 시간에만 읽는 것이 훨씬 건강한 생활이다.

일단 퇴근해서 집으로 돌아와 회사와 관련된 모든 일을 제쳐 두고 마음껏 자신이 좋아하는 일에 집중해 보자. 예를 들어 마르셀 프루스트Marcel Proust의 《잃어버린 시간을 찾아서》를 읽거나, 무언가를 수집한다거나, 혼자서 혹은 연인이나 배우자와 산책을 갈 수 있다. 매일 한 시간이라도 회사 일이 아니라 다른 일에 집중하는 것이 아주 중요하다. 아니면 단 15분만이라도 소파에 가만히 앉아 아무것도 하지 말고 자신의 몸에 집중해 보자. 자세는 어떤가? 아픈 곳은 없는가? 내 몸은 현재 어떤 상태인가? 우리는 모두 각자의 상상력을 발휘해 현재 우리가 경험하는 세상의 가속화를 어떻게 바라볼지 결정할 수 있다.

시간을 철저하게 관리하려고 지나치게 엄격한 행동 지침을 세우는 것은 오히려 비생산적이다. 그러다 보면 일상생활을 할 때에도 시간적 압박을 느끼기 쉽다. 예컨대 '세탁기가 다 돌아갈 때까지 빨리 쉬면서 나한테 집중해야지.'라고 생각하는 식이다. 꼭 해야 하는 일들이 닥쳐올 때 느긋하게 대처할 수 있는 태도는 하루아침에 완성되는 것이 아니다. 어쩌면 경우에 따라서는 명상과 편안한 휴식, 맛있는 음식으로 자신을 가꾸며 보낸 주말이 오히려 삶의 리듬을 바꾸는 방법을 배우는 데 방해가 될지도 모른다. 우리의 목표는 무엇보다도 매일 반복되는 노동 환경이라는 현실에서 살아남는 것이다. 이를 배우려면 아주 천천히 나아가야 한다. 편안하게 마음먹고 직접 행동해야 배울 수 있다.

우리는 더 효율적이고 더 빠른 것에서 오는 편안함에 잠식당했다. 서점에서는 한 시간 전에 주문한 책을 곧바로 가져올 수 있고, 각종 신청서나 공적 서류는 소파에 편안하게 앉아 온라인으로 작성할 수 있다. 구급차는 신고 후 몇 분 만에 현장에 도착한다. 기술적, 조직적 가속화의 장점이다. 당연한 말이지만 사회적으로 약속된 삶의 속도에서 간단하게 벗어날 방법은 없다. 일주일 동안 휴가를 떠나 '힐링'을 하고 돌아오면 143통이나 되는 이메일이 나를 기다리고 있을 테니 말이다. 나라는 개인은 우리 사회의 일처리 속도를 바꾸지 못한다. 상사가 나에게 던져준 세 건의 새로운 계약도 바꾸지 못한다.

하지만 우리는 잠재적인 스트레스 요인을 피하는 법을 배울 수 있다. 그러면 부정적인 스트레스 반응이 애초에 일어나지 않을 것이다. 세상이 나에게 요구하는 바를 의식적으로 제어해야 한다. 기술적, 그리고 사회적인 가능성은 자율적인 삶을 꾸릴 기회이기도 하다. 그러나 빠른 속도에 휩쓸려 흥분하다가 과로할 우려가 있다. 그러므로 점점 빨라지는 삶의 속도를 주체적으로 제어할 줄 아는 기술은 오늘날 여러 분야에서 암묵적으로 요구되는 기본 소양이다. 삶의 속도를 제어할 줄 아는 사람은 자유 시간과 자기 자신을 찾는다.

7

시간 감각이
만들어지는 법

………………… 외부 감각(시각, 청각, 촉각)이 모두 차단된 이른바 '감각 차단 탱크'에 사람을 가둔다. 이런 조건에서 사람은 오로지 자신의 신체적 실재만을 느낄 수 있다. 매우 느리기는 하지만 시간의 흐름 또한 여전히 느껴진다. 이것은 우리 신체의 활동이 시간 감각에 영향을 미친다는 증거다. 실제로 최근 연구에서는 신체 활동 특히 심장 박동이 시간 지각에 관여한다는 결과가 나왔다. 말하자면 우리 몸이 생체 시계로서 시간 감각을 만들어 내는 것이다.

    곰곰이 생각해 보면 우리는 사실 시간을 지각할 수 없다. 색이나 음, 온도를 지각하는 것과 시간을 지각하는 것은 완전히 다르다. 통상적인 감각을 지각하는 것은 색, 음, 온도 등과 관련이 있다. 우선 특정한 감각 기관이 인상을 받아들여야 지각이 발생하는 것이다. 그러나 시간 지각은 조금 특별하다. 시간 감각은 어떤 신체 기관과 관련이 있는가? 아직도 우리는 그 답을 명확히 알지 못한다. 오로지 시간만을 지각하는 독립적인 감각 기관 또한 존재하지 않는다.

    그래서 시간 지각은 변화의 지각이라고 정의할 수 있다. 우리는 시간을 지각하는 게 아니라 시간의 흐름에 따른 변화와 움직임을 체험하는 것이다.[1] 우리는 변화를 통해 시간의 흐름을 본다. 광범위한 기준에서 생각하면 과거의 기억은 가을날 단풍이 물들어 가는 모습을 보여 주고, 거울 속 나의 모습은 해가 지날수록 나이가 들어 가는 변화를 보여 준다. 작은 기준에서 보자면 초 단위로 바뀌는 음이 모여 음악의 리듬이 만들어진다. 우리가 감각한 이 세상의 변화를 토대로 시간적인 관계가 발생한다. B라는 사건 이전에는 A라는 사건이 있어야 하는 것이다. 우리는 이러한 여러 사건을 지각하고, 각 사건 간의 시간적인 관계도 지각한다. 그런데 만약 우리의 감각 기관이 주변 세상으로부터 아무런 신호나 변화도 받아들이지 못한다면 어떤 일이 벌어질까? 그래도 시간은 존재할까?

미국의 의학자 존 C. 릴리John C. Lilly는 수십 년 동안 인간의 의식을 연구하였다. 그가 고안한 '감각 차단 탱크'에 들어가면 사람은 명상을 하는 것과 비슷한 상태가 된다. 감각 차단 탱크는 물이 어느 정도 찬 탱크다. 그 안에 들어간 사람은 외부 자극이 차단된 채로 기다릴 수밖에 없다. 탱크 안은 온통 암흑이다. 소리도 들리지 않는다. 외부의 소리가 전부 차단된 데다 안에 들어간 사람은 귀마개를 하고 있기 때문에 물이 찰랑이는 소리조차 듣지 못한다. 물은 사람이 누워서 둥둥 떠 있을 정도로 염도가 높다. 물과 공기의 온도는 체온에 맞춰져 있어 피부에 별다른 자극이 없다. 피부를 누르는 옷의 압박감도 없다. 이 탱크 안에서 꼼짝 않고 가만히 물 위에 떠 있는 사람은 보지도, 듣지도, 냄새 맡지도 못한다.

사람들이 명상을 하는 이유는 외부 자극을 차단하고 자신의 내면에 집중하기 위해서다. 감각 차단 탱크에 들어가면 몇 년에 걸쳐 명상을 연습하지 않더라도 외부 자극을 차단할 수 있다. 그런데 이렇게 감각이 차단된 극단적인 상황 속에서도 사람은 다른 생각을 할 수 있다. 외부 자극이 차단된 탱크 속에서 물 위에 떠 있을 때도 변화는 일어난다. 오랜 시간 탱크에 있다 보면 불안감이 들거나 피부에 간지러움이 느껴진다. 신체 지각과 공간 지각이 바뀌어 나중에는 환각이 보이기도 한다. 외부 세계와 차단된 뇌가 자신만의 세계를 구축하기 때문이다. 이때 대부분의 감각은 일시적으로 차단할 수 있다 하더라도, 단 한 가지 감각만은 차단할 수 없다. 바로 신체 감각이다. 몸의 근육과 장기가 움직이고 있다는 신호는 계속해서 뇌로 전달된다. 즉 내 몸이 존재한다는 감각은 변함없이 지속되는 것이다. 잠시 다른 곳에 주의를 돌린다고 하더라도, 숨을 쉬거나 심장 박동을 느끼면 신체 감각이 다시 돌아온다. 그래서 사람은 다른 감각이 차단된 상황에도 시간 감각을 잃지 않는 것이다.

그러나 오랜 시간 감각이 차단된 채 생활하면 시간 감각이 망가진다. 이 실험에 참가한 사람들은 몇 시간 동안 감각 차단 탱크에 머물렀다. 그리고 난 다음 본인이 얼마나 오래 탱크에 있었다고 생각하느냐는 질문에 극단적으로 다른 답변을 했다.[2] 탱크 안에서 겪은 사건이 없었으므로 기억에 남는 일도 없어서, 실험 참가자들은 실제보다 훨씬 짧은 시간 동안 탱크 안에 있었다고 생각했다. 다만 탱크 안에서 머무르는 동안에는 시간이 불편할 정도로 천천히 흐른다고 느꼈다. 신경을 쏟을 다른 사건이 일어나지 않으며 다른 감각은 모두 차단된 상태에서 신체만 활동하고 있기 때문에 시간이 매우 느리게 흐르는 것처럼 느껴진다. 감각 차단 탱크 안에서 느낀 시간은 의식의 변화는 물론 신체 상태의 변화와도 연관이 있다.

신체 감각과 시간 감각은 어떻게 연결되는가?

미국 캘리포니아 대학교 샌디에이고 캠퍼스에 있는 마틴 파울루스의 연구실에서 약물 중독, 불안 장애, 우울증 환자들을 대상으로 복잡한 의사 결정과 감정 조절에 관한 연구가 진행되었다. 마틴 파울루스, 앨런 시몬스Alan Simmons, 이리나 스트리고Irina Strigo 등이 이미 여러 차례 밝혀낸 바에 따르면 fMRI로 촬영한 결과 정신 질환을 앓고 있는 환자 그룹의 대뇌 피질 뇌섬엽이 두드러지게 활발해졌다. 즉 의사 결정을 하거나 감정을 조절하는 등 정신적인 활동을 할 때 활발해지는 뇌 부위가 fMRI를 통해 가시화된 것이다.

다른 뇌 부위와 함께 뇌섬엽은 어떤 사건에 대한 감정적인 평가를 담당한다. 그러므로 환자들에게서 측정된 뇌섬엽의 과도한 활동은 보상 체계가 균형을 잃었다는 일종의 신경생물학적 '신호'가 된다. 뇌섬엽 상부의 활동은 불안 장애나 우울증이 있는 환자들에게서 두드러지게 증가했다. 특히 이들이 주관적으로 걱정이나 불안을 느낄 만한 상황을 예측할 경우 뇌섬엽의 활동이 늘어났다.[3] 그런데 환자들이 불안을 해소하는 약물을 섭취하자, 불안을 유발하리라 예측되는 상황에서도 뇌섬엽 및 감정적 반응에 관여하는 다른 뇌 구조의 과도한 활동이 눈에 띄게 줄었다. 이것은 약물의 효과를 나타내는 신경생물학적 증거다.[4]

내가 캘리포니아 대학교에서 진행했던 시간 지각 연구 또한 이런 흐름에 편승했다. 과제 자체는 원칙적으로 매우 간단했다. 우선 실험 참가자

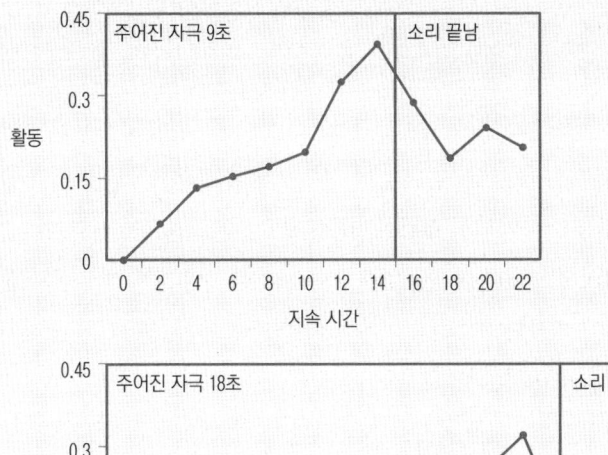

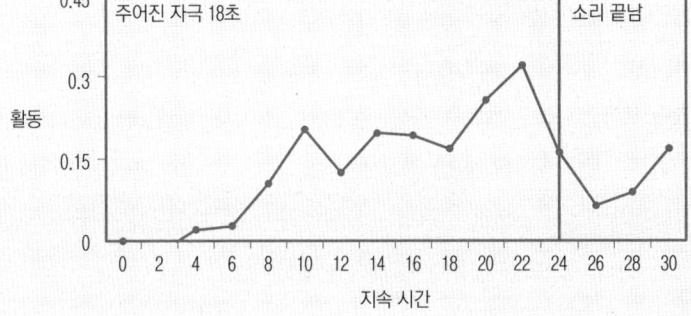

fMRI 촬영 결과 뇌섬엽 활동이 점차 증가한 것을 확인할 수 있었다. 이 활동은 소리가 들리는 시간 간격의 끝(즉 소리가 끝나는 시점)으로 갈수록 정점에 도달한다. 다만 fMRI로 시간 분해 능력을 측정하는 시간이 약 2초 정도로 부정확하기 때문에 뇌 활동이 음이 끝나기 바로 직전부터 줄어들기 시작하는 것으로 보인다. 외부 자극에 대한 가장 큰 반응이 자극 시작부터 최소 6초 정도 후에 나타나므로 자극의 지속 시간에 그만큼의 시간이 더해져야 한다. 그래서 9초인 그림에서 지속되는 소리가 실질적으로 끝나는 시간은 15초로, 지속되는 소리가 18초인 그림에서 실질적으로 끝나는 시간은 24초로 표시되었다.

들에게 fMRI를 찍는 동안 들리는 소리의 지속 시간을 정확히 측정하라는 과제를 부여했다. 소리의 지속 시간은 3초, 9초, 18초 사이에서 임의로 정해졌다. 처음에는 실험 참가자들에게 특정한 시간 동안 지속되는 소리를 먼저 들려준다(기준 자극). 잠시 쉬었다가 두 번째 소리를 들려준다(비교 자극). 참가자들은 비교 자극을 들으면서 동시에 그 소리가 기준 자극만큼 지속되었다고 생각하는 순간에 버튼을 눌러 비교 자극을 멈춰야 했다. 각기 다른 소리의 지속 시간을 버튼을 눌러 다시 표현하는 것이다.[5]

이 실험이 신선했던 이유는 이때까지 fMRI를 활용한 시간 지각 실험에서 18초나 지속되는 시간을 포함한 시간 간격이 제시된 적이 없었기 때문이다. 눈에 띌 정도로 긴 지속 시간과 시간 간격을 제시했기 때문에 우리는 특별한 부분에 초점을 맞출 수 있었다. 각각의 소리가 들리는 동안 뇌가 활동하는 시간을 측정할 수 있었던 것이다. 다만 fMRI는 기술적인 한계가 있어서 대략적인 시간 분해 능력만을 측정할 수 있기 때문에 뇌 활동은 2초가 증가할 때마다 분석되었다. 9초 그리고 18초 동안 지속되는 시간은 2초라는 단위로 움직이는 뇌의 활동 시간을 측정하기에 충분했다.

기준 자극이 제시되는 동안 측정한 결과가 특히 흥미롭다. 그 시간 동안 시간의 지속이라는(그리고 그것을 다시 표현하는) 주관적 감각이 생겨나기 때문이다. 몇 초라는 범위 내의 주관적인 시간 감각을 만들어 내는 데 관여하는 뇌 속 시계를 찾으려면 기준 자극의 지속 시간 동안 뇌 활동을 분석하는 것이 매우 중요하다. 그리고 그 결과 뇌섬엽 하부에서 눈에 띄는 활동이 관찰되었다. 모든 사람에게서 소리의 지속 시간이 늘어남에 따라 뇌섬엽 하부의 활동도 증가하는 모습이 보인 것이다. 그리고 기준 자극이 멈추자 활동은 다시 줄어들었다. 9초라는 조건에서는 활동이 9초쯤에 절정에 달했고, 18초 조건에서는 18초쯤에 절정에 달했다.

뇌 활동을 분석하다 보면 이미 만들어진 여러 이론을 근거로 우리는 시간 지각과 연관이 있다고 여겨지는 '유력한 용의자'를 찾을 수 있다. 바로 소뇌, 대뇌핵, 그리고 우측 전두엽이다. 그런데 시간 지속과 연관된 뇌 활동을 측정하면 뇌섬엽의 활동이 활발해진다.[6]

이것은 우연일까, 필연일까? 적어도 한 가지 우연이 존재하는 것은 분명하다. 뇌섬엽의 기능을 알아보는 데 아주 중요한 연구를 진행하던 중, 나는 뇌섬엽이 시간 지각에 관여한다는 사실을 발견했다. 다른 연구소의 연구진이 실험을 진행했더라도 같은 결과를 얻었을 것이다. 이 실험이 마틴 파울루스의 실험실에서 시작된 것은 우연이다. 그리고 이 연구 결과는 당연히 파울루스의 실험실이라는 공간에서 모인 지식을 거쳐 해석될 수밖에 없었다. 필연 또한 작용한 셈이다.

뇌섬엽 하부는 근육과 장기 등의 신체 신호에 관여한다. 이것은 신체의 존재를 의식하는 데 꼭 필요한 기능이다. 앞서 언급한 시간 지각과 관련된 연구 결과에서 파생한 가설에 따르면 시간의 흐름과 동반해 나타나는 신체 신호가 몇 초라는 범위 내의 시간을 측정하는 데 관여한다. 많은 연구진이 주장하는 바와 같이 오로지 시간만을 지각하는 역할을 하는 독자적인 뇌 속 시계는 존재하지 않는다. 시간을 감각하는 데는 몸에서부터 뇌로 끊임없이 흘러들어 와 모이는 여러 신호가 필요하다. 방금 그 소리가 얼마나 오래 들렸을까? 이를 판단하는 데 결정적인 역할을 하는 것이 신체 신호다. 어떤 자극은 왜 다른 자극보다 길게 느껴졌을까? 그 자극을 느낄 때 더 많은 신체 자극이 모였기 때문이다. 결국 시간 지각은 신체에서 발생하는 수많은 과정의 지각과 통합에 기반을 두고 있다.

심리학적인 뇌 연구 분야에서는 모든 질문에 답을 내놓을 수 있는 실험이 존재하지 않는다. 앞서 제시한 그림을 자세히 보았다면, 18초 간격일 때 발생한 뇌 활동의 정점이 9초 간격일 때 발생한 뇌 활동의 정점보다 높지 않다는 사실을 눈치챘을 것이다. 시간 간격이 늘어날수록 더 많은 신체 신호가 축적된다는 점을 고려하면 예상할 수 있는 결과다.[7] 다만 이렇게 알기 쉽게 구성된 가설은 다른 방법을 이용해 재검토해야 한다. 뮌헨에 있는 루트비히 막시밀리안 대학교 의학적 심리학 연구소가 실험을 통해 신체 신호가 주관적인 시간을 구성한다는 직접적인 증거를 제시했다.

여기서 잠깐 언급할 내용이 있다. 앞서 소개한 fMRI 실험 결과 또한 다른 시간 연구 분야의 실험과 같은 맥락에서 보아야 한다. 시간 지각에 관한 여러 fMRI 실험을 메타분석(수십 개 연구 결과를 분석하는 과정)법을 통해 살펴본 결과에 따르면 뇌섬엽이 실제로 매우 활발한 모습을 보였다. 이것은 fMRI 방식의 문제이기도 하다. fMRI로 촬영하면 수많은 뇌 부위가 거의 매번 동시에 활발해지는 모습을 확인할 수 있다. 그래서 모든 연구자가 자신의 연구 주제에 가장 적합한 부분만을 골라 보고서를 작성한다. 모든 연구자가 자신이 관심 있는 뇌 부위에 집중하다 보니, 그 부위에서 가장 그럴듯한 결과가 도출됐다고 생각하는 것이다. 동시에 똑같은 수준으로 활성화된 다른 뇌 부위는 무시되었다. 그러나 활성화된 여러 뇌 부위를 메타분석법으로 살펴본 결과, 버드 크레이그가 처음으로 눈치챈 것처럼 뇌섬엽이 시간 지각에 빈번하게 관여했다.[8]

점차 증가하는 뇌 활동이 내면의 시계를 만들어 내는 근본적인 메커니즘일 수 있다는 또 다른 증거는 생쥐나 쥐, 비둘기, 원숭이 등을 대상으로 한 동물 실험에서도 밝혀졌다. 연구진은 이 동물들을 대상으로 직접 뇌 활동을 측정했다. 이 동물들에게 특정한 시간 간격이 지난 다음 레버나 버튼을 누르도록 가르치면, 사람을 대상으로 한 fMRI 측정 결과와 마찬가지로 동물들의 뇌 활동이 증가했고, 목표인 동작을 하는 시점에 정점에 달했다. 그렇다면 뇌 속에는 뇌 활동이 특정한 한계치까지 늘어나다가 정점에 도달하면서 시간의 지속을 나타내도록 하는 메커니즘이 있다는 뜻이다.[9]

뮌헨 의학적 심리학 연구소의 카린 마이스너Karin Meißner가 주도해 진행한 실험 결과 신체 장기와 시간의 지속을 추측하는 능력 사이의 직접적인 연관성이 처음으로 밝혀졌다.[10] 앞서 언급한 fMRI 실험과 거의 비슷하게 구성한 실험 환경에서 연구진은 실험 참가자들에게 미리 주어진 소리의 지속 시간을 다시 표현하라고 부탁했다. 다만 이번에는 참가자들이 fMRI 촬영을 위해 기계 안에 들어가지 않고, 피부에 전극과 센서를 부착하고 있었다. 이 전극과 센서는 세 가지 중요한 신체 기능, 즉 심장 박동, 호흡 빈도, 피부 전도력을 측정하는 것이었다. 이 세 가지 신체 매개 변수는 개인의 신체적 자극 상태와 일치한다. 원칙적으로는 교감 신경계가 장기를 활성화하고 부교감 신경계가 장기를 안정시킨다. 신체적, 정신적 자극 및 흥분도가 높아진다는 것은 교감 신경계의 활동이 늘어나고 부교감 신경계의 활동이 줄어든다는 뜻이다. 그래서 심장 박동과 호흡 빈도가 늘어난다. 게다가 땀 배출이 활발해지기 때문에 피부 전도력도 높아진다. 반대로 이완된 상태에서는 부교감 신경계의 활동이 늘어나고 교감 신경계의 활동이 줄어든다. 그래서 심장 박동과 호흡이 점차 느려지고 피부 전도력도 줄어든다.

실험 참가자들에게 8초, 14초, 그리고 20초 동안 이어지는 소리를 들려주자 호흡 빈도와 피부 전도력은 소리가 지속되는 동안 점점 줄어들었고 소리가 끝날 때는 최저 수준에 달했다(그다음 호흡 빈도와 피부 전도력이 다시 높아졌다). 시간 지각과의 연관성이 더 확실하게 드러난 것은 심장 박동이었다. 소리가 지속됨에 따라 심장 박동이 점점 안정되었을 뿐만 아니라, 심장 박동의 빈도 또한 눈에 띄게 줄어들어 소리가 끝날 때쯤에는 최저 수준에 달했다. 시간 지각의 정확성과 통계적인 연관성도 드러났다. 심장 박동이 눈에 띄게 줄어든 실험 참가자일수록 시간을 더 짧게 느낄 가능성이 낮았고, 오히려 시간을 더 정확하게 추측할 수 있었다.

그렇다면 이렇게 해석할 수 있다. 시간이 지남에 따라 나타나는 신체 신호, 특히 부교감 신경에 의해 심장에서 발생하는 변화를 측정하면 그 측정값은 해당 인물이 시간을 추측한 결과를 뒷받침한다. 객관적인 요소인 신체 매개 변수와 실험 참가자들의 주관적인 시간 추정 능력 사이에 연관성이 있다는 뜻이다. 그뿐만이 아니다. 자신의 심장 박동을 의식적으로 지각하는 능력은 시간 추정 능력의 정확도와 연관이 있었다. 어떤 연구진은 실험 참가자들에게 최대 1분까지 각자의 심장 박동을 세어 달라고 부탁했다. 이 실험의 목적은 사람들이 자신의 심장과 심장 박동을 얼마나 의식적이고 민감하게 느낄 수 있는지 알아보는 것이었다.[11] 이 실험 결과를 그다음에 진행한 과제인 시간을 다시 추정하는 실험과 비교하자 명확하게 드러난 점이 있었다. 자신의 심장 박동을 비교적 정확하게 셀 수 있었던 실험 참가자들은 시간 또한 더 정확하게 추정할 수 있었다.

그렇다면 주관적인 시간이란 신체의 시간이자 신체에서 발생하는 여러 과정의 변화를 지각하는 시간이라고 할 수 있다. 그렇기 때문에 감각 차단 탱크에 들어간 사람들은 시간의 경과를 더 집약적으로 느낄 수 있었다. 외부 자극이 계속 차단되더라도 시간 감각이라고 볼 수 있는 내면의 신체 감각은 계속 존재한다. 나라는 존재는 신체를 포함하기 때문에 아무런 감각이 없는 곳에서도 시간 흐름을 지각할 수 있다. 신체에서 일어나는 여러 활동 과정이 외부 세계에서 벌어지는 사건의 시간을 추정하도록 도와주기 때문이다.

한 가지 결론이 더 있다. 이완과 긴장이라는 신체 상태와 더불어 주관적인 시간 또한 달라진다. 그러므로 주관적인 시간이란 '신체 시간'이라고 볼 수 있다. 물론 그렇다고 시간 지속을 경험하는 것과 신체 기능을 의식적으로 체험하는 것을 동일시해야 한다는 뜻은 아니다. 예를 들어 6초라는 특정한 시간이 심장 박동의 수라거나 다른 신체 기능으로서 경험되지는 않는다. 만약 이를 동일시한다면 모든 경험에 모순될 것이다. 우리 몸에서 발생하는 다양한 과정은 의식적인 시간 감각이 차곡차곡 쌓일 수 있는 토대를 마련한다.

신체 리듬, 감각, 시간 감각

'신체 시간'이라는 개념은 새로운 것이 아니다. 하지만 시간 지각을 연구하는 데 몰두한 뇌 과학자들과 심리학자들은 신체 시간이라는 개념을 활용하지 않았다. 19세기 프랑스의 철학자이자 시인이었던 장 마리 귀요Jean Marie Guyau는 자신의 논문 〈시간이라는 개념의 기원〉에서 신체 시간이라는 개념을 다루었다.[12] 신생아는 신체적인 욕구에 따라 시간이라는 개념을 알게 된다. 배가 고프면 아기는 운다. 기대하는 것이 생긴다. 그리고 아기가 만족하기까지 기다리는 시간, 즉 배고픔을 느끼는 시간 동안 '시간'이라는 감각이 발생한다. 기어 다니기 시작하면 아기는 멀리 떨어진 곳으로 이동하고자 한다. 이때 아기는 자신이 손에 넣고 싶은 대상을 잡기 위해 몸에 힘을 주고 움직여야 한다. 이 또한 기대와 관련이 있다. 귀요는 이때가 미래라는 개념이 발생하는 순간이라고 한다. 즉 아기는 신체적인 욕구가 만족될 때까지, 또는 신체를 움직여 자신이 원하는 장소에 도달할 때까지 기다리는 시간 동안 시간 지속을 경험한다.

이미 신생아 시기부터 우리에게는 아직 발달하지 않은 시간 감각이 있다. 청각적 페이스메이커의 자극 빈도가 빨라지면 아기들은 그것이 빨기 반사*의 빈도와 어긋난다는 것을 인식할 수 있다.[13] 다시 말해 아기들은 자기 자신의 주기적인 움직임과 어떤 반복적인 외부 자극이 동시에 발생하지 않는다는 사실을 지각할 수 있다. 어머니의 몸

---

* 아기들이 계속 입을 움직이며 무언가를 빨려고 하는 행동을 말한다.

속에서 태아는 세상에 태어날 때까지 다양한 자연적인 페이스메이커를 경험하고 그에 익숙해진다. 어머니의 심장 박동은 이완 상태에서 1초에 한 번보다 조금 빠른 속도로 뛴다. 이완 상태에서 어머니가 숨을 들이쉬고 내쉬는 과정에는 대략 3초 정도가 걸린다. 신생아의 심장은 대략 1초에 두 번 정도로 조금 더 빨리 뛰는데 이는 빨기 반사가 일어나는 빈도와 일치한다. 아기는 주기적으로 반복되는 신체 신호를 지각하고 그 리듬에 맞춰 움직인다. 심장 박동이나 호흡과 같은 과정은 내면의 리듬을 나타내며, 우리는 이를 견본으로 삼아 외부 세계의 시간을 잴 수 있다. 심장 박동을 인지하는 데 어떤 뇌 부위가 관여하는지는 누구나 예상 가능할 것이다. 영국의 연구진이 fMRI 실험 결과 밝혀낸 바에 따르면 이에 관여하는 뇌 부위는 뇌섬엽의 우측 상부다.[14] 실험 참가자들이 자신의 심장 박동을 더 정확하게 느낄수록 뇌섬엽 우측 상부의 활동이 더 강해졌다.

외부 자극의 시간과 박자를 지각하는 데 관여하는 뇌섬엽

독일의 신경과학자 헤르만 아커만Hermann Ackermann은 실험 참가자들에게 딸각하는 소리 자극을 각기 다른 박자로 들려주었다. 이때 그 범위는 2Hz에서 6Hz였다.[15] 그 결과 여러 뇌 부위가 개별적으로 이 주파수에 민감하게 반응했다. 예를 들어 소리 자극이 빨라지면 소뇌의 활동이 늘어났다. 특히 눈에 띄는 결과는 뇌섬엽의 우

> 측 상부와 좌측 상부가 각각 반대로 주파수에 상응하는 활동을 보인 것이다. 박자가 빨라질수록 좌측 뇌섬엽의 활동이 늘어났고, 박자가 느려질수록 우측 뇌섬엽의 활동이 늘어났다. 음악의 리듬과 속도는 움직임과도 연관이 있다. 이때 심장과 호흡, 감정이 모두 활발해진다. 이를 통해 속도, 시간, 신체 감각, 감정 등의 모든 요소가 뇌섬엽의 기능에서 드러나는 것을 알 수 있다.

시간 경험, 자의식, 신체 상태와 감정의 지각은 서로 떼려야 뗄 수 없는 사이다. 우리는 이것을 각기 따로 경험할 수 없다. 그리스인이자 미국의 정신분석가인 피터 하토콜리스Peter Hartocollis는 이 주제를 저서 《시간과 무시간성》에서 다루었다.[16] 하토콜리스는 자아 정체성이나 정서에 문제가 있는 사람은 대개 시간 감각이 무너지거나 시간 조망이 바뀌거나 시간을 제대로 추측하지 못한다고 말했다.

여러 연구 결과에서도 우울증이나 불안 장애를 겪는 환자들이 시간의 흐름을 제대로 파악하지 못한다는 결과가 나타났다.[17] 특히 불안을 유발하는 상황에 처하면 환자들은 시간이 길게 늘어났다고 느꼈다. 예를 들어 거미공포증이 있는 사람이 약 45초 동안 가까이에 있는 거미를 관찰할 경우, 이 사람이 느낀 주관적인 시간은 거미공포증이 없는 사람이 느낀 시간보다 훨씬 길었다.[18] 스트레스가 극심한 상황에서는 모든 사람들이 주관적인 시간이 늘어났다고 느낄 수 있다. 인생에서 처음으로 탠덤 스카이다이빙*에 도전한 사람들은 극심한 불안을 느낀 사람들만큼이나 시간을 길게 예측했다.[19]

한편 몇몇 사회심리학자들이 한 실험이 있다.[20] 연구진은 토론에 참여한 실험 참가자들에게 나중에 두 그룹으로 나눌 것을 염두에 두고 다른 참가자들과 서로 자기소개를 하라고 지시했다. 이 과정이 끝난 다음 또 다른 토론이 열렸고, 무작위로 뽑힌 참가자들 중 절반은 다른 참가자들이 그들에게 아무런 관심도 보이지 않았다는 이야기를 들었다. 나머지 절반은 다른 참가자들이 그들에게 큰 관심을 보였으며 같은 그룹에 속하고 싶어 한다는 이야기를 들었다.

타인이 아무런 관심을 보이지 않았다는 말을 들은 사람들은 큰 관심을 보였다는 말을 들은 사람들에 비해 사회가 자신을 원하지 않는다는 감정을 더 강하게 느꼈다. 자신의 가치를 더 부정적으로 평가했으며 심각한 경우에는 충격에 빠지기도 했다. 그런 다음 연구진은 이들에게 테스트를 실시했다. 소외감을 경험하고 충격에 빠진 사람들은 테스트에서 현재 지향적인 성향이 강해졌으며 인내심이 대단히 줄어든 모습을 보였을 뿐만 아니라 40초에서 80초가량의 시간 간격을 훨씬 길게 추정했다. 즉 사회적 고립은 시간이 늘어났다고 느끼는 감각을 불러일으키는 것이다. 이 연구는 평범하지 않은 상황만이 시간 지각의 변화로 이어지는 것이 아님을 보여 준다. 일상적으로 경험할 수 있는 불안정성 또한 시간 지각의 변화로 이어질 수 있다.

---

* 강사와 학생이 함께 연결된 채 스카이다이빙을 하는 것

시간이 늘어난 감각은 신체가 이완 상태에 있을 때도 발생한다. 명상을 할 때나 감각 차단 탱크에 들어갔을 때처럼 말이다. 이런 특별한 상황에서 사람은 내면의 안정을 찾을 수 있고 자기 자신과 자신의 몸에 집중할 수 있다. 그럴 때는 시간이 천천히 흘러서 마치 늘어난 것처럼 느껴진다. 말하자면 강렬한 자극이 신체에 주어지면 시간이 늘어났다고 느끼는 감각을 만들어 낸다고 할 수도 있지만 평온하고 이완된 상황이 시간이 늘어났다고 느끼는 감각을 만들어 낸다고 할 수도 있다. 얼마나 모순적인가?

그러나 곰곰이 생각해 보면 모순은 아니다. 강렬한 자극이 주어진 상황이든 편안한 상황이든 모두 우리가 신체의 활동을 지각하고 자신의 몸에 집중할 수 있는 시간이다. 명상을 할 때 흔히 "바닥에 놓인 팔을 느껴 보세요."라고 말하는 것을 보면 알 수 있다. 이런 과정을 거쳐 사람은 각각의 신체 부위에 집중하고 체온이나 몸의 무게 등을 느낀다. 그리고 자신의 호흡과 심장 박동을 인식한다. 이렇게 자신의 몸과 몸의 활동을 지각할 때 시간은 천천히 흐른다.[21] 즉 신체의 존재가 시간 감각을 만들어 낸다고 할 수 있다.

몸과 예술

마리나 아브라모비치Marina Abramović는 2010년 뉴욕 현대 미술관에서 〈예술가가 여기에 있다〉를 공연하였다. 아브라모비치는 3개월 동안 매일같이 7시간 30분 동안 아무런 움직임도 없이 의자에 앉은 자기 자신의 모습을 전시했다.[22]

스스로를 전시하는 시간 동안 휴식을 취하지 않아야 했으므로, 아브라모비치는 전시를 위해 움직이지 않고 오래 앉아 있는 집중 훈련을 했다. 그 오랜 시간 동안 화장실도 가지 않고 앉아 있으려면 전시를 시작하기 전에 수분을 어느 정도 섭취해야 하는지도 고려해야 했다. 당시 관람객들은 아브라모비치의 맞은편에 놓인 의자에 앉아 그녀와 짧은 시간을 공유할 수 있었다. 몸을 전혀 움직이지 않고 정신을 다른 곳에 빼앗기지도 않은 채 오로지 시간 감각과 신체의 존재에만 집중할 수 있었던 이 전시는 아브라모비치에게 의미 있는 경험이었다. 그녀는 전시 시간 동안 관람객들의 관심을 한 몸에 받았다. 그녀의 몸 자체가 매체였던 셈이다. 아브라모비치는 자신의 신체 지각(경직 및 욕창 등을 포함한)을 관객들에게 전달했다. 그녀는 온전한 자신의 몸이었다. 그 과정에서 아브라모비치는 시간의 흐름에 가까워졌다.

감사의 말

나는 2004년 10월에 뉴욕 맥스 케이드 재단에서 연구 장학금을 지원받아 캘리포니아 대학교 샌디에이고 캠퍼스 정신의학과에서 연구를 시작했다. 당시 1년 동안 마틴 파울루스의 연구소에 머무를 수 있었다. 취리히 대학교 정신과 병원의 의사인 프란츠 볼렌바이더가 마틴 파울루스를 소개해 주었다. 볼렌바이더와 나는 환각제의 영향에 따른 시간 지각을 함께 연구한 바 있다.

샌디에이고 라호이아에서 마틴 파울루스 및 앨런 시몬스와 수많은 개념을 논의하면서 내 연구는 새로운 발걸음을 내딛을 수 있었다. 샌디에이고에서 보낼 예정이던 1년이라는 시간이 5년으로 늘어났다. 마틴 파울루스, 앨런 시몬스와 함께 나는 fMRI 기술의 도움을 받아 연구를 진행할 수 있었다. 미국에 머무르는 동안 마틴 파울루스와 함께 제3의 자금 지원을 받은 두 건의 프로젝트를 진행했다. 자금을 지원해 준 곳은 미국 국립 보건원NIH과 미국 국립 약물남용 연구소 NIDA, 그리고 샌디에이고 카블리KAVLI 두뇌 및 정신 연구소다.

이후 나는 뇌가 어떻게 시간을 나타내는지에 관해 비르지니 반 바

센호브 및 애리조나 피닉스에 있는 버로우 신경질환 연구소의 버드 크레이그와 함께 연구를 이어 갔다. 버드 크레이그는 신경해부학 및 신경기능학과 관련한 자신의 전문 지식에 근거해 시간 감각에 결정적인 역할을 하는 신경학적 구조가 뇌섬엽이라는 가설을 처음으로 세운 연구자다.

내가 시간이라는 현상을 연구하기 시작한 것은 뮌헨 루트비히 막시밀리안 대학교 산하 의학적 심리학 연구소 에른스트 푀펠 교수의 조수로 일하며 박사 학위를 취득하기 전이었다. 나는 에른스트 푀펠 교수의 지도 아래 1997년 박사 학위를 취득했고 2007년에 대학 교수 자격을 취득했다. 푀펠 교수는 여전히 나의 멘토다.

2000년부터 2004년까지 나는 루트비히 막시밀리안 대학교 세대 연구 프로그램을 진행하면서 '시간과 인지'라는 연구 단체를 이끌었다. 나를 물심양면으로 도와준 레나테 에르틀마이어 마이엘리에게 감사한다. 또 마르티나 핑크, 얀 후란, 파멜라 울브리히 또한 팀의 일원으로서 여러 실험을 진행하고 연방 교육연구부BMBF로부터 두 건의 프로젝트를 지원받는 데 도움을 주었다. 타냐 폴머와는 '죽음에 가까워진 환자들의 시간 지각' 연구 프로젝트를 진행했다. 이 연구는 뮌헨 루트비히 막시밀리안 대학교 부설 그로스하데른 병원의 의학 클리닉 3동에서 진행되었으며 엘제 크뢰너 프레제니우스 재단으로부터 자금을 지원받았다.

2009년 10월부터 나는 프라이부르크 심리학 및 정신위생학 연구소에서 일하며 이리 바케르만과 함께 시간 지각을 연구했고 새로운 응용 분야의 문을 열었다. 또한 이 책을 쓰는 데 큰 도움을 준 사람으로는 의학적 심리학 연구소의 카린 마이스너와 에브게니 구티르칙, 세대 연구 프로그램의 니코 콜스 등이 있다.

나는 이 책의 각 장을 해당 분야의 전문가라고 생각하는 연구 동료들에게 미리 전달해 읽어 보도록 했다. 이자벨 빙클러, 도로테 포젤, 카린 마이스너, 카트야 루비아, 에브게니 구티르칙, 타냐 폴머, 제이콥 페이서, 니코 콜스, 그리고 마틴 파울루스는 원고를 읽고 조언을 주었으며 많은 격려를 해 주었다.

카타리나 바이클, 요헨 라크, 클라우스 메페르트, 그리고 옥사나에게 감사한다.

몇 년 전에 친구 디르크 틸에게 시간을 감각하는 내면의 시계를 찾는 연구를 할 것이라고 설명했다. 그러자 그는 간단하게 말했다.

"답은 심장이야."

당시에는 믿지 않았지만, 어쩌면 그가 옳았는지도 모르겠다.

역자 후기

예전에 우스갯소리로 10대, 20대, 30대 때는 시간이 시속 10, 20, 30킬로미터로 흐르지만 40대, 50대, 60대, 그 이상이 되면 시속 40, 50, 60킬로미터, 그 이상의 속도로 흐른다는 말이 있었다. 요즘도 많은 사람이 느끼는 일이다. 새해 덕담을 나눈 지 얼마 되지 않은 것 같은데 벌써 연말 인사를 나눈다며 시간의 무상함을 한탄하기도 한다.

시간은 사실 누구에게나 똑같이 주어진 것이다. 물론 자본에 따라 시간을 운용하는 방법이 조금씩 다르기야 하겠지만, 기본적으로 우리는 모두 하루 24시간을, 1년 365일을 산다. 그런데 왜 어떤 때는 시간이 느리게 지나는 것 같고 어떤 때는 빠르게 지나는 것 같을까? 왜 나이가 들수록 시간이 빨라진다고 느낄까?

이 책에 언급된 다양한 실험 결과를 바탕으로 왜 연령대에 따라 시간 감각이 달라지는지를 알 수 있었다. 학창 시절에는 작은 사건도 기억에 또렷하게 남았다. 어릴 때는 뭘 하든 그것이 거의 처음이었기 때문에 모든 것이 신기했다. 수학여행은 처음으로 부모님 없이 떠난 여행이었고, 해외여행은 처음으로 해외에 나가 본 경험이었으므로 그

며칠의 시간이 마치 몇 주 정도는 되는 것 같은 기분이 들었다. 아침에 일어나 숙소를 나갔다가 저녁에 다시 숙소로 돌아올 때까지의 여정이 거의 대부분 기억에 남았기 때문이다.

또 학창 시절에는 매년 학년이 바뀔 때마다 반도 바뀌기 때문에 친구도 바뀌었다. 매년 새로운 인간관계를 만들고 새로운 경험을 하다 보니 시간이 천천히 흘렀다. 그런데 성인이 되고 나니, 대부분의 경험이 예전에 해 봤던 경험이고, 주변의 인간관계 또한 수년 심지어는 수십 년 가까이 변하지 않는다. 비슷한 매일이 반복되고 새로운 경험은 점점 줄어드니, 이런 지루한 일상을 살다 보면 하루가 너무 길고 퇴근 시간은 영원히 오지 않을 것 같다. 그렇게 차곡차곡 쌓인 시간을 돌이켜 보면 특별한 사건이 없었기에 한 달 혹은 1년이 쏜살같이 지나간 것처럼 느껴진다. 실제로 그 긴 시간이 빨리 지나갔을 리는 없다. 모든 사람에게 똑같이 주어진 시간이 나에게서만 빠르게 흘렀을 리도 없다. 사회적 약속이 존재하는 한 시간은 모두에게 똑같이 주어진다. 결정적인 차이를 만들어 내는 것은 그 시간 동안 어떤 경험을 하느냐다. 결국 '사는 재미'가 줄어들수록 우리는 시간이 빨리 지나간다고 느낀다.

저자 마르크 비트만은 그저 시간을 탐구하는 데서 그치지 않고 시간과 떼려야 뗄 수 없는 삶과 죽음이라는 주제도 소개한다. 시간은 늘 앞으로 흐르고, 우리는 언제나 나이를 먹는다. 그리고 이 과정은 되돌릴 수 없다. 우리 삶은 유한하다. 그래서 우리는 모두 죽는다.

이 책은 단순히 시간에 관한 과학적인 연구 결과나 이론을 소개하는 책이 아니라, 우리가 시간이라는 것을, 그 시간 속에 존재하는 생명체로서 어떻게 관찰하고 느껴야 하는지 철학적인 질문을 제시하는 책이기도 하다. 아마 많은 사람들이 평소에는 시간을 그리 깊이 고찰하지 않으며 생활할 것이다. 오늘날 사람들에게 중요한 것은 마감 기한, 약속 시간, 기상 시간이나 취침 시간이지 삶의 시간이 아니다. 그러나 우리는 누구나 자신만의 시간을 살아가는 존재로서 그 시간을 얼마나 충실하게 살지 깊이 고민해야 한다. 독자 여러분이 자신만의 시간을 고찰하는 데 이 책이 도움이 되었으리라 믿는다.

주

1 기다림의 미학

1. V. Dufour, C. A. F. Wascher, A. Braun, R. Miller, T. Bugnyar, 'Corvids can decide if a future exchange is worth waiting for', *Biology Letters*(2011), Doi: 10.1098/rsbl.2011.0726.
2. W. Mischel, Y. Shoda, P. K. Peake, 'The nature of adolescent competencies predicted by preschool delay of gratification', *Journal of Personality and Social Psychology* 54(1988), PP.687-696; Y. Shoda, W. Mischel, P. K. Peake, 'Predictiong adolescent cognitive and self-regulatory competencies from preschool delay of gratification: identifying diagnostic conditions', *Developmental Psychology* 26(1990), PP.978-986.
3. M. Wittmann, A. Eisenkolb, Ch. Perleth, *Neue Intelligenztests. Ein umfassendes Test- und Übungsprogramm*, Augustus Verlag, 1997.
4. D. Goleman, *Emotional Intelligence*, Bantam Books, 1997.
5. G. J. Madden, A. M. Begotka, B. R. Raiff, L. L. Kastern, 'Delay discounting of real and hypothetical rewards', *Experimental and Clinical Psychopharmacology* 11(2003), PP.139-145; M. Wittmann, K. L. Lovero, S. D. Lane, M. P. Paulus, 'Now or later? Striatum and insula activation to immediate versus delayed rewards', *Journal of Neuroscience, Psychology, and Economics* 3(2010), PP.15-26.
6. M. Wittmann, M. P. Paulus, 'Temporal horizons in decision making', *Journal of Neuroscience, Psychology, and Economics* 2(2009), PP.1-11.
7. T. Roenneberg, J. Aschoff, 'Annual rhythm of human reproduction: II. Environmental correlations', *Journal of Biological Rhythms* 5(1990), PP.217-239; A.

Wirz-Justice, K. Kräuchi, P. Graw, 'An underlying circannual rhythm in seasonal affective disorder?', *Chronobiology International 18*(2001), PP.309-313.

8 지구에서 일어나는 천문학적 제약을 받는 사건의 순환 과정(24시간 동안의 태양의 움직임, 월상, 계절 등)은 고대 여러 문화권의 종교적, 영적인 시각에서 죽음이 삶과 연결되어 있다는 가르침, 그리고 죽음 다음에는 새로운 시작이 있다는 가르침이었다. 그리스도교의 전례력은 예수의 탄생과 죽음을 반복해서, 영적으로 기념하는 것이다. 연도라는 개념은 모든 문화권에서 통일됐으며, 영적인 의미에서도 고정된 기간을 의미한다.
M. Eliade, *Das Heilige und das Profane: Vom Wesen des Religiosen*, Insel-Verlag, 1989.

9 Y. Trope, N. Liberman, 'Construal-level theory of psychological distance', *Psychological Review 117*(2010), PP.440-463.

10 P. G. Zimbardo, J. N. Boyd, 'Putting time in perspective: A valid, reliable individual-differences metric', *Journal of Personality and Social Psychology 77*(1999), PP.1271-1288.

11 K. Rubia, R. Halari, A. Christakou, E. Taylor, 'Impulsiveness as a timing disturbance: neurocognitive abnormalities in attentiondeficit hyperactivity disorder during temporal processes and normalization with methylphenidate', *Philosophical Transactions of the Royal Society B 364*(2009), PP.1919-1931.

12 H. A. Berlin, E. T. Rolls, U. Kischka, 'Impulsivity, time perception, emotion and reinforcement sensitivity in patients with orbitofrontal cortex lesions', *Brain 127*(2004), PP.1108-1126; M. Wittmann, D. Leland, J. Churan, M. P. Paulis, 'Impaired time perception and motor timing in stimulant-dependent subjects', *Drug and Alcohol Dependence 90*(2007), PP.183-192.

13 대뇌피질의 전두엽은 충동 조절에 매우 밀접하게 관여한다. 사람이 충동적인 행동을 억제하면 이 뇌 부위의 활동이 증가한다는 사실이 공감각적 처리를 다룬 여러 연구에서 드러났다. 어린이와 청소년의 충동성이 성인에 비해 강한 이유는 전두엽의 발달이 비교적 느리기 때문이다. 전두엽의 발달은 성인이 되는 시점에 완료된다.

14 이것은 프랑스 클레르몽페랑에 있는 블레즈 파스칼 대학교의 실비 드르와 볼레Sylvie Droit-Volet가 연구를 통해 증명했다. S. Droit-Volet, 'Child and time', *Multidisciplinary Aspects of Time and Time Perception LNAI6789*, Springer-Verlag, 2010, PP.151-172; 어린이 및 청소년의 시간 인식의 개요에 관해서: H. Kasten, *Wie die Zeit vergeht. Unser Zeitbewusstsein in Alltag und Lebenslauf*, Primus-Verlag, 2001.

15 M. Wittmann, M. P. Paulus, 'Decision making, impulsivity, and time perception', *Trends in Cognitive Sciences 12*(2008), PP.7-12.
16 R. Kivetz, A. Keinan, 'Repenting hyperopia: an analysis of self-control regrets', *Journal of Consumer Research 33*(2006), PP.273-282.
17 짐바르도는 2002년 베를린에서 열린 43번째 독일 심리학 협회 회의에서 이 개인적인 일화를 발표했다.
18 P. G. Zimbardo, J. Boyd, *The Time Paradox: The New Psychology of Time That Will Change Your Life*, Atria Books, 2008.
19 J. Metcalfe, W. Mischel, 'A hot/cool system analysis of delay of gratification: Dynamics of willpower', *Psychological Review 106*(1999), PP.3-19.
20 S. McClure, D. Laibson, G. Loewenstein, J. Cohen, 'Separate neural systems value immediate and delayed monetary reward', *Science 306*(2004), PP.503-507.
21 B. J. Casey, L. H. Somerville, I. H. Gotlib, O. Ayduk, N. T. Franklin, M. K. Askren, J. Jonides, M. G. Berman, N. L. Wilson, T. Teslovich, G. Glover, V. Zayas, W. Mischel, Y. Shoda, 'Behavioral and neural correlates of delay of gratification 40 years later', *Proceedings of the National Academy of Science 108*(2011), PP.14998-15003.
22 A. R. Damasio, *Descartes' Error: Emotion, Reason, and the Human Brain*, Grosset/Putnam, 1994.

2 뇌에는 박자가 있다

1 I. J. Hirsh, C. E. Sherrick, 'Perceived order in different sense modalities', *Journal of Experimental Psychology 61*(1961), PP.423-432; M. Kanabus, E. Szelag, E. Rojek, E. Pöppel, 'Temporal order judgement for auditory and visual stimuli', *Acta Neurobiologiae Experimentalis 62*(2002), PP.263-270.
2 P. Ulbrich, J. Churan, M. Fink, M. Wittmann, 'Perception of temporal order: the effects of age, sex, and cognitive factors', *Aging, Neuropsychology, and Cognition 16*(2009), PP.183-202.
3 A. Szymaszek, M. Sereda, E. Pöppel, E. Szelag, 'Individual differences in the perception of temporal order: The effect of age and cognition', *Cognitive Neuropsychology 26*(2009), PP.135-147; K. Barth, N. von Steinbüchel, M. Wittmann, H. Kappert, C. Leyendecker, 'Zeitliche Verarbeitungsprozesse,

'phonologische Bewusstheit' und Lese-Rechtschreibkompetenz', *Forum Logopädie* 5(2000), PP.7-16.
4   M. Amelung, R. Steinmayr, 'Is there a validity increment for tests of emotional intelligence in explaining the variance of performance criteria?', *Intelligence 34*(2006), PP.459-468; M. Wittmann, A. Eisenkolb, C. Perleth, *Neue Intelligenztests. Ein umfassendes Test- und Übungsprogramm*, Augustus Verlag, 1997.
5   E. Pöppel, *Grenzen des Bewußtseins. Über Wirklichkeit und Welterfahrung*, Deutsche Verlagsanstalt, 1988.
6   E. Pöppel, 'Excitability cycles in central intermittency', *Psychological Research 34*(1970), PP.1-9; S. Dehaene, 'Temporal oscillations in human perception', *Psychological Science 4*, PP.264-270.
7   E. Pöppel, 'A hierarchical model of temporal perception', *Trends in Cognitive Sciences 1*(1997), PP.56-61.
8   R. VanRullen, C. Koch, 'Is perception discrete or continuous?', *Trends in Cognitive Sciences 7*(2003), PP.207-213.
9   R. Llinás, U. Ribary, D. Contreras, C. Pedroarena, 'The neural basis for consciousness', *Philosophical Transactions of the Royal Society B 353*(1998), PP.1841-1849.
10 W. B. Scoville, B. Milner, 'Loss of recent memory after bilateral hippocampal lesions', *Journal of Neurology, Neurosurgery and Psychiatry 20*(1957), PP.11-21.
    자신의 단기 기억에 사로잡힌 환자들의 세계를 잠시 들여다보려면 올리버 색스 Oliver Sacks의 〈길 잃은 뱃사람〉을 읽으면 된다. 이 글에 언급된 환자는 코르사코프 증후군Korsakoff syndrome을 앓고 있다. 이것은 알코올 중독성 퇴화로 인해 발생하는 신경학적 학습 및 기억 장애다.
    O. Sacks, *The Man Who Mistook His Wife for a Hat*, Summit Books, 1985.
11 L. Swisher, I. Hirsh, 'Brain damage and the ordering of two temporally successive stimuli', *Neuropsychologia 10*(1972), PP.137-152; M. Wittmann, A. Burtscher, W. Fries, N. von Steinbüchel, 'Effects of lesion size and location on temporal-order judgment in brain-injured patients', *Neuroreport 15*(2004), PP.2401-2405.
12 N. von Steinbüchel, M. Wittmann, 'Die Erfassung zeitlicher Informationsverarbeitung als Diagnoseinstrument zentralnervöser Störungen', In: E. Kasten, M. Kreutz, B. Sabel, *Jahrbuch der Medizinischen Psychologie, Bd.12,*

Neuropsychologie in Forschung und Praxis, Hogrefe Verlag, 1996, PP.146-162; M. Fink, J. Churan, M. Wittmann, 'Temporal processing and context dependency of phoneme discrimination in patients with aphasia', *Brain & Language 98*(2006), PP.1-11.

13 D. Berwanger, 'Sprachentwicklungsstörung und Zeitverarbeitung', In: W. von Suchodoletz, *Sprachentwicklungsstörung und Gehirn: Neurobiologische Grundlagen von Sprache und Sprachentwicklungsstörungen*, Kohlhammer, 2001, PP.118-147.

14 뮌헨 루트비히 막시밀리안 대학교의 의학적 심리학자 니콜 폰 슈타인뷔헬Nicole von Steinbüchel이 1985년에 실어증이 있는 환자들에게 시간 순서 배열 훈련을 처음 시도한 결과를 자신의 박사 학위 논문에 발표했다. N. von Steinbüchel, E. Pöppel, 'Domains of rehabilitation: a theoretical perspective', *Behavioral Brain Research 56*(1993), PP.1-10; 언어 장애가 있는 어린이들이 시간 순서를 배열하는 훈련 결과는 1996년에 처음으로 저명한 과학 학술지인 《사이언스*Science*》에 실렸다: M. Merzenich, W. Jenkins, P. Johnston, C. Schreiner, S. Miller, P. Tallal, 'Temporal processing deficits of language-learning impaired children ameliorated by training', *Science 271*(1996), PP.77-81.

15 F. Binkofski, R. A. Block, 'Accelerated time experience after left frontal cortex lesion', *Neurocase 2*(1996), PP.485-493.

16 O. Pötzl, 'Weiteres Über das Zeitraffer-Erlebnis', *Wiener Zeitschrift für Nervenheilkunde und deren Grenzgebiete 4*(1951), PP.9-39.

17 이 증언은 노벨상을 수상한 생리학자 존 C. 에클스John C. Eccles가 쓴 내용이다. K. Popper, J. C. Eccles, *The Self and Its Brain: An Argument for Interactionism*, Springer Publishing, 1977.

18 M. Wittmann, 'The subjective flow of time', In: H. J. Birks, *Encyclopedia of Time: Science, Philosophy, Theology, & Culture*, SAGE Publications, 2009, PP.1322-1324.

19 C. Stetson, M. P. Fiesta, D. M. Eagleman, 'Does time really slow down during a frightening event?', *PloS ONE 2*(2007), P.e1295.

20 이런 형태의 시간 분해 능력은 망막의 지각 신경 같은 말초적 기전에 의존할 뿐만 아니라 지속적인 주의력과 관련이 있는 더 고차원적인 인지 능력을 통해 조율 가능하다. 한스 슈트라스부르거Hans Strasburger와 도로테 포겔Dorothe Poggel이 독일 바이에른주에서 진행된 세대 연구 프로그램에서 거의 모든 연령대 성인의 시간 분해 능력을 측정했다. 그 결과 연구진은 시간 분해 능력이 눈의 감각 세포뿐만 아니라 뇌의 중심 기능에도 의존한다는 것을 알아냈다.

D. A. Poggel, B. Treutwein, C. Calmanti, H. Strasburger, 'Increasing the temporal g(r)ain: Double pulse resolution is affected by the size of the attention focus', *Vision Research 46*(2006), PP.2998-3008. 연구진은 나이의 영향도 확인할 수 있었다. 나이가 많아짐에 따라 시간적인 한계치도 높아졌다. 즉 더 나이가 많은 사람은 시간 분해 능력이 떨어지는 경향이 있다고 할 수 있다.
21 V. van Wassenhove, M. Wittmann, A. D. Craig, M. P. Paulus, 'Psychological and neural mechanisms of subjective time dilation', *Frontiers in Neuroscience 5*(2011).
22 S. Droit-Volet, S. Gil, 'The time-emotion paradox', *Philosophical Transactions of the Royal Society B364*(2009), PP.1943-1954.

3 3초, 현재를 느끼는 시간

1 S. Pinker, *The Better Angels of Our Nature: Why Violence Has Declined*, Viking Books, 2011.
2 이 논제는 매우 복잡한 주제를 건드리며 여전히 활발하게 논의되고 있다. 이 논제의 수많은 측면이 타당하지 않다 하더라도, 재앙이나 궁극적인 구원이라는 지나치게 단순한 생각으로 인간 진화의 또 다른 원인을 제시하기를 거부한 어느 심리학자의 노력은 인정받을 만하다. 그의 노력은 각 전문 분야 사이의 경계가 얼마나 흐린지를 보여 준다. 이 논제를 철저히 파헤치려고 정신과학자, 사회과학자, 자연과학자가 함께 연구했을 것이다.
사회가 변한 이유를 찾을 때 우리는 학문을 초월해 접근해야 한다. 100년 전만 해도 전형적인 중부 유럽 남성은 국수주의자이자 인종차별주의자이자 반유대주의자이자 성차별주의자이자 호모포비아였다. 1960년대 뉴욕의 광고 회사를 배경으로 한 미국의 드라마 시리즈 '매드맨Mad Men'을 떠올려 보자. 이 드라마에서는 당시의 사회상 때문에 여성, 유대인, 흑인, 동성애자가 차별당했다. 그러나 오늘날 파리와 베를린에서는 커밍아웃한 동성애자가 시장으로 당선되었으며 미국에서는 흑인 대통령이 있었다. 많은 사람들의 태도가 바뀐 이유는 무엇일까?
3 죽을 위기에 처한 사람들과 그들이 죽어 가는 과정을 처음 체계적으로 파악한 사람은 엘리자베스 퀴블러 로스Elisabeth Kübler-Ross였다. E. Kübler-Ross, *On Death and Dying*, Simon & Schuster, 1969.
4 Tumorzentrum München, *Psychoonkologie: Empfehlungen zur Diagnostik, Therapie und Nachsorge*, Zuckschwerdt Verlag, 2005(2nd Edition).
5 'Augenblick mal!', *FOCUS Magazin No. 20*(2008)

6 존 카밧진은 마음챙김 명상에 관한 다수의 저서를 남겼다. 마음챙김 명상은 환자만을 위한 정신 공학이 아니다. 수많은 병원의 의사 및 돌봄 인력들 또한 더욱 집중해서 환자를 돌보거나 직장 스트레스를 해소하려고 이 명상법을 배운다. 이 명상법을 배우면 누구나 일상에서 느끼는 감정을 평온하게 다스리고 정신력을 강인하게 유지할 수 있다. 중요한 것은 회복탄력성, 즉 일상의 스트레스에 정신적으로 저항할 수 있는 회복력이다.
J. Kabat-Zinn, *Wherever You Go, There You Are: Mindfulness Meditation in Everyday Life*, Hyperion, 1994.
7 P. Grossman, L. Niemann, S. Schmidt, H. Walach, 'Mindfulness-based stress reduction and health benefits. A meta-analysis', *Journal of Psychosomatic Research* 57(2004), PP.35-43.
8 S. Sauer, H. Walach, S. Schmidt, T. Hinterberger, M. Horan, N. Kohls, U. Ott, 'Implicit and explicit emotional behavior and mindfulness', *Consciousness and Cognition* 20(2011), PP.1558-1569; U. Ott, *Meditation für Skeptiker: Ein Neurowissenschaftler erklärt den Weg zum Selbst*, O. W. Barth Verlag, 2010.
9 여러 철학자들이 과연 현재라는 순간은 얼마나 오래 지속되는지 질문을 던졌다. 일부 철학자들은 시간적인 순간은 늘어나지 않는다고 주장했다. 물리학에서 순간은 시간의 연속 내에 존재하는 범위가 없는 수학적 지점이다. 지금 경험된 순간이 시간적으로 늘어난다면 우리는 그 지속된 순간을 다른 지점(과거)의 뒤, 또 다른 지점(미래)의 앞으로 새롭게 정의할 수 있어야 할 것이다. 이때 그 늘어난 지점은 어떤 순간도 나타내지 못한다. 과거, 현재, 미래라는 세 가지 시간 차원을 모두 포함하기 때문이다. 그렇다면 순간은 늘어나지 않는 것인가?
이와 관련해 철학자들은 의식적인 경험의 수수께끼를 언급했다. 만약 지각이 늘어나지 않는 시간적 지점으로 정의되는 한 순간, 혹은 찰나 동안 발생한다면, 우리는 어떻게 시간의 움직임, 변화, 흐름을 경험하는 걸까? 그 가능성을 설명하는 예시가 바로 영화 기술이다. 마치 스냅 샷처럼 한 순간이 존재한다면, 영화처럼 그 순간들이 모여 이어지면서 경험의 시간적 역학을 만들어 낼 수 있으리라. 어쩌면 현재라는 순간을 수학 혹은 물리학에서 빌려 온 언어로 정의했기 때문에 우리는 실제로 존재하지도 않는 문제를 애써 만들어 내고 있는 게 아닐까?
10 K. Flasch, *Was ist Zeit?: Augustinus von Hippo. Das XI. Buch der Confessiones*, Vittorio Klostermann, 1993, P.259.
11 J. Kiverstein, 'Making sense of phenomenal unity: an intentionalist account of

temporal experience', *Royal Institue of Philosophy Suppl. 85*(2010), PP.155-181; M. Wittmann, 'Moments in time', *Frontiers in Integrative Neuroscience 5*(2011).

12 이것은 댄 로이드가 자신의 저서 《서늘한 광채: 뇌 과학과 현상학으로 알아본 의식의 해석》에서 제시한 예시다.
D. E. Lloyd, *Radiant Cool: A Novel Theory of Consciousness*, The MIT Press, 2004.
현재의 경험이라는 개념에 현상학적 작업을 더한 사람은 원래 에드문트 후설이었다. 후설은 과거 파지(Retention, 방금 지나간 과거), 근원인상(Urimpression, 지금 지각하는 것), 예지(Protention, 일어날 것으로 예상되는 것)의 구성 요소를 가정했다. 이와 비슷한 사상은 아우구스티노에게서도 찾아볼 수 있다.

13 E. Pöppel, 'The Measurement of Music and the Cerebral Clock: A New Theory', *Leonardo 22*(1988), PP.83-89; D. Turner, E. Pöppel, 'Metered poetry, the brain, and time', In: I. Rentschler, B. Herzberger, D. Epstein, *Beauty and the Brain: Biological Aspects of Aesthetics*, Birkhäuser, 1988, PP.71-90.
6운각(Hexameter, 6보격), 5운각(Pentameter, 5보격)의 시구나 알렉산더 율격 Alexandrine의 경우 (구절이 3초의 한계를 뛰어넘는다고 하더라도) 사람이 낭독 시에 잠시 쉬어 가며 현재의 단위를 나눈다는 특징이 있다.

14 M. Wittmann, E. Pöppel, 'Temporal mechanisms of the brain as fundamentals of communication-with special reference to music perception and performance', *Musicae Scientiae Special Issue 1999-2000*(1999), PP.13-28.

15 E. Pöppel, *Grenzen des Bewußtseins. Über Wirklichkeit und Welterfahrung*, Deutsche Verlags-Anstalt, 1988; E. Pöppel, 'Pre-semantically defined temporal windows for cognitive processing', *Philosophical Transactions of the Royal Society B 364*(2009), PP.1887-1896.

16 M. Wittmann, E. Pöppel, 'Hirnzeit. Wie das Gehirn Zeit macht', *Kunstforum International 151*(2000), PP.85-90
착시 그림의 시간 분해라는 주제에 관한 과학적 문헌은 다음에서 찾을 수 있다.
C. Gómez, E. D. Argandoa, R. G. Solier, J. C. Angulo, M. Vázquez, 'Timing and competition in networks representing ambiguous figures', *Brain & Cognition 29*(1995), PP.103-114; N. von Steinbüchel, M. Wittmann, E. Szelag, 'Temporal constraints of perceiving, generating, and integrating information: Clinical indications', *Restorative Neurology and Neuroscience 14*(1999), PP.167-182.

17 S. N. Malloch, 'Mothers and infants and communicative musicality', *Musicae*

Scientiae Special Issue 1999-2000(1999), PP.29-57.
18 철학자 슈테판 아르트만Stefan Artmann이 남긴 인상적인 글인 '순간을 거스르다!'를 참조하라(In: 'No Future! Philosophie des Augenblicks. Der blaue reiter', *Journal für Philosophie 31*(2011), PP.98-102). 아르트만은 순간에 몰두하는 것의 편파성을 지적하고자 앙리 베르그송Henri Bergson의 철학을 언급했다. 우리는 지금 현재인 모든 것을 과거와 예측된 미래라는 맥락에서 보아야 한다.
19 P. Goldman-Rakic, 'Space and time in the mental universe', *Nature 386*(1997), PP.559-560.
20 F. J. Varela, 'Present-time consciousness', *Journal of Consciousness Studies 6*(1999), PP.111-140.
21 지금 현재라는 순간을 살지 못하는 '불가능성'에 관한 철학적 설명은 잠시 접어 두겠다. 어쨌든 현재라는 순간을 살지 못한다는 생각은 우리가 아무리 현재라는 순간에 집중하려 해도, 그 순간은 이미 지나간 과거라는 사실에서 비롯된다. 그 순간의 관찰자가 이를 의식하는 순간에도 그는 더 이상 그 순간에 존재하지 않는다. 의식과 집중에 의존하는 우리의 지각은 우리를 현재에 존재하도록 하기에는 언제나 너무 늦다.
22 F. Dostojewskij, *Идиот*, Ру́сский ве́стник,, 1869.
23 H. U. Gumbrecht, *Unsere breite Gegenwart*, Suhrkamp Verlag, 2010.
24 이 인용문에 관해서는 하랄트 발라흐Harald Walach에게 감사한다. H. Walach, 'Rezeptivität und Streben. Zur mystischen Epistemologie Hugo de Balmas', Institutes für Grenzgebiete der Psychologie und Psychohygiene e. V. 토론회에서의 연설, 2011.
문서는 다음을 참조하라. H. Walach, 'Notitia experimentalis Dei-Erfahrungserkenntnis Gottes. Studien zu Hugo de Balmas Text "Viae Sion lugent" und deutsche Übersetzung', *Analecta Cartusiana 98:1, Institut für Anglistik und Amerikanistik der Universität Salzburg*, 1994.

4 왜 시간이 필요할까?

1 2007년 7월 20일, 미국 동부 시간으로 오후 2시 3분, AP 통신의 그렉 리슬링Greg Risling은 다음과 같이 보도했다.
"도로 확장 공사로 불편을 겪은 운전자들이 공사 노동자들에게 살해 협박을 하고 총기를 발사했으며 음식물을 투척하는 등의 공격을 가하자 주 정부가 고속도로를 폐쇄했다. 지난 9월, 공사 현장 근처에서 교통 정리를 하던 노동자에게 치명적인 무기로 위협을 가한 혐의로 찰스 펜이 체포되었다. 올해 초에는 또 다른 노동자가 갑자기 다리 뒷부분에 따끔함을 느꼈다. 아래를 내려다보자 발 주변으로 비비탄 총알이 흩어져 있었다. 주 정부 교통부 대변인인 테리 캐싱어는 '자신의 시간을 빼앗겼다고 느낀 사람들의 인내심은 금방 바닥난다'고 말했다."

2 T. Takahashi, T. Hadzibeganovic, S. Cannas, T. Makino, H. Fukui, S. Kitayama, 'On cultural neuroeconomics of intertemporal choice', *Neuroendocrinology Letters* 30(2009), PP.185-191.

3 R. Levine, *A Geography Of Time: Temporal Misadventures Of A Social Psychologist, Or How Every Culture Keeps Time Just A Little Bit Differently*, Basic Books, 1997.

4 미국 내에서도 동부 해안과 서부 해안 지역 사람들 사이에 차이가 나타났다. 두 지역 모두 세상에서 가장 부유한 지역에 속하는데도 말이다. 뉴욕 사람들은 뭐든지 빨리 하는 걸로 유명하다. 반면 캘리포니아 사람들은 느긋하고 평온하다. 아무리 냉철한 캘리포니아인이라고 하더라도 독일인인 내 기준과는 시간 감각이 달랐다.

캘리포니아 대학교 샌디에이고 캠퍼스에서 일했을 때, 매주 20여 명 정도의 동료들이 모여 회의를 한 적이 있었다. 회의 시작 1분 전에 가까스로 회의실에 도착해 숨을 헐떡이며 문을 열면 회의실에는 아무도 오지 않았던 적이 많았다. 회의 시작 시간 10분에서 15분은 지나야 동료들이 느긋하게 나타나곤 했다.

5 M. Csikszentmihalyi, *Flow: The Psychology of Optimal Experience*, HarperCollins Publishers, 1991.

6 C. R. Gallistel, J. Gibbon, 'Time, rate, and conditioning', *Psychological Review* 107(2000), PP.289-344.

7 A. Mita, H. Mushiake, K. Shima, Y. Matsuzaka, J. Tanji, 'Interval time coding by neurons in the presupplementary and supplementary motor areas', *Nature Neuroscience* 12(2009), PP.502-507.

8 M. Treisman, 'Temporal discrimination and the indifference interval: implications for a model of the 'internal clock'', *Psychological Monographs* 77(1963), PP.1-31.

미셸 트레이스먼은 이 논문을 발표한 지 거의 50년 만인 2011년 11월에 독일 델멘호르스트에 있는 과학 재단에서 '시간과 의식적인 뇌'를 주제로 하여 자신이 구상한 모델을 소개하고 다른 시간 연구자들과 토론했다.

9 D. Zakay, R. A. Block, 'Temporal cognition', *Current Directions in Psychological Science* 6(1997), PP.12-16.

10 다양한 심리학적 혹은 신경과학적 모델을 알아보려면 다음을 참조하라. M.

Wittmann, 'Die Neuropsychologie der Zeit-Kognitive und emotionale Modulatoren der zeitlichen Erfahrung', *Zeitschrift für Medizinische Psychologie 18*(2009), PP.28-39. 영국 잡지 *Philosophical Transactions of the Royal Society B* 중 2009년에 발행된 것(발행인 M. Wittmann, V. van Wassenhove)에 관련 분야를 이끄는 연구자들의 리포트가 실려 있다.

11 J. Wackermann, W. Ehm, 'The dual klepsydra model of internal time representation and time reproduction', *Journal of Theoretical Biology 239*(2006), PP.482-493; J. E. R. Staddon, 'Interval timing: memory, not a clock', *Trends in Cognitive Science 9*(2005), PP.312-314.

12 G. Marchetti, 'Studies on time: a proposal on how to get out of circularity', *Cognitive Processes 10*(2009), PP.7-40; D. Eagleman, V. Pariyadath, 'Is subjective duration a signature for coding efficiency?', *Philosophical Transactions of the Royal Society B 364*(2009), PP.1841-1852.

13 H. Hoagland, 'The physiological control of judgments of duration: Evidence for a chemical clock', *The Journal of General Psychology 9*(1933), PP.267-287.

14 사람이 3초까지는 정확하게 시간을 짐작할 수 있다는 사실을 증명하는 여러 과학적 연구 결과를 검토하고 싶다면 다음 논문을 살펴보라.

E. Pöppel, 'Pre-semantically defined temporal windows for cognitive processing', *Philosophical Transactions of the Royal Society B 364*(2009), PP.1887-1896; E. Szelag, M. Kanabus, I. Kolodziejczyk, J. Kowalska, J. Szuchnik, 'Individual differences in temporal information processing in humans', *Acta Neurobiologiae Experimentalis 64*(2004), PP.349-366.

이 주제를 다룬 더 오래된 문헌은 폴 프레스가 1985년에 펴낸 책을 참조하라. 이 주제와 관련한 필독서로는 에른스트 푀펠의 책이 있다.

E. Pöppel, *Grenzen des Bewußtseins. Über Wirklichkeit und Welterfahrung*, Deutsche Verlagsanstalt, 1988.

15 P. Fraisse, *Psychologie du temps*, Publications universitaires de France, 1967.

16 T. Gruber, *Gedächtnis. Basiswissen Psychologie*, VS Verlag, 2011.

17 T. Roenneberg, *Wie wir ticken: Die Bedeutung der Chronobiologie für unser Leben*, DuMont Buchverlag, 2010.

18 J. Aschoff, R. Wever, 'Spontanperiodik des Menschen bei Ausschluß aller Zeitgeber', *Die Naturwissenschaften 49*(1962), PP.337-342; J. Aschoff, 'Circadian rhythms in

man', *Science 148*(1965), PP.1427-1432.
19. J. Aschoff, 'Human perception of short and long time intervals: its correlation with body temperature and the duration of wake time', *Journal of Biological Rhythms 13*(1998), PP.437-442.
20. T. Roenneberg, M. Merrow, 'Circadian clocks-the fall and rise of physiology', *Nature Reviews Molecular Cell Biology 6*(2005), PP.965-971.
21. 사람의 크로노 타입을 어떻게 특정할 수 있을까? 시간에 따른 심신 상태나 피로도가 매우 확고한 사람들이라면 자신을 아침형 혹은 저녁형으로 분류하는 데 아무런 문제가 없다. 다만 가우스 분포(정규 분포)에 따르면 대부분의 사람들이 아침형 혹은 저녁형으로 정확히 구분되지 않고 중간쯤으로 분류된다. 그러나 아침형 인간과 저녁형 인간을 나누는 또 다른 명확한 행동이 있다. 아침형 인간은 대개 일찍 일어나 아침을 먹는다. 저녁형 인간은 아침에 일어나더라도 커피 외의 음식을 삼키지 못한다.
사람이 언제 잠자리에 들고 언제 일어나는지를 보면 크로노 타입을 더 정확히 알 수 있다. 휴일이나 휴가 기간, 아무런 일정이나 알람 시계도 없는 상태에서 당신은 언제 잠들고 언제 일어나는가? 잠드는 시점과 잠에서 깨는 시점 사이의 중간 지점이 크로노 타입을 분류하는 기준이다. 자정에 잠들고 아침 8시에 일어나는 사람이 있다고 해 보자. 그러면 기준점은 새벽 4시다. 이 사람은 중간 크로노 타입에 속한다. 자신의 크로노 타입을 정확히 알고 싶다면, 틸 로엔네베르크가 개발한 뮌헨 크로노 타입 설문조사(The Munich ChronoType Questionnaire, MCTQ)를 진행해 보라.
22. M. Wittmann, J. Dinich, M. Merrow, T. Roenneberg, 'Social jetlag: misalignment of biological and social time', *Chronobiology International 23*(2006), PP.497-509
틸 로엔네베르크는 앞서 소개한 잘 알려진 저서에서 사회적 시차증에 관해 자세히 언급했다. T. Roenneberg, *Wie wir ticken: Die Bedeutung der Chronobiologie für unser Leben*, DuMont Buchverlag, 2010.
23. T. Roenneberg, T. Kuehnle, P. P. Pramstaller, J. Ricken, M. Havel, A. Guth, M. Merrow, 'A marker for the end of adolescence', *Current Biology 14*(2004), PP.R1038-R1039.
24. K. Wahistrom, 'Changing times: findings from the first longitudinal study of later high school start times', *NASSP Bulletin 84*(2002), PP.3-21.

5 나이가 들수록 시간이 빨리 가는 이유

1. M. Wittmann, S. Lehnhoff, 'Age effects in the perception of time', *Psychological*

Reports 97(2005), PP.921-935; W. J. Friedman, S. M. J. Janssen, 'Aging and the speed of time', *Acta Psychologica* 134(2010), PP.130-141.

2   D. Zakay, R. A. Block, 'Temporal cognition', *Current Directions in Psychological Science* 6(1997), PP.12-16; N. Bailey, C. S. Areni, 'Background music as a quasi clock in retrospective duration judgments', *Perceptual and Motor Skills* 102(2006), PP.435-444.

3   D. Avni Babad, I. Ritov, 'Routine and the perception of time', *Journal of Experimental Psychology: General* 132(2003), PP.543-550.

4   E. Pöppel, *Grenzen des Bewußtseins*, Insel Verlag, 1997.

5   U. Staudinger, A. Freund, M. Linden, I. Maas, 'Selbst, Persönlichkeit und Lebensgestaltung im Alter: Psychologische Widerstandsfähigkeit und Vulnerabilität', In: K. U. Mayer, P. Baltes, *Die Berliner Altersstudie*, Akademie Verlag, 1999, PP.321-350.

6   R. C. Locsin, 'Time experience of selected institutionalized clients', *Clinical Nursing Research* 2(1993), PP.451-463.

7   D. Draaisma, *Why Life Speeds up As You Get Older: How Memory Shapes our Past*, Cambridge University Press, 2001.

8   K. N. Ochsner, D. L. Schacter, 'A social cognitive neuroscience approach to emotion and memory. The neuropsychology of emotion', In: J. C. Borod, *The neuropsychology of emotion. Series in Affective Science*, Oxford University Press, 2000, PP.163-193.

9   P. K. Quinn, M. Reznikoff, 'The relationship between death anxiety and the subjective experience of time in the elderly', *International Journal of Aging and Human Development* 21(1985), PP.197-210.

10 L. L. Carstensen, 'The influence of a sense of time on human development', *Science* 312(2006), PP.1913-1915.

11 K. G. Tismer, 'Interindividuelle Unterschiede der Zeitperspektive im mittleren und höheren Erwachsenenalter', In: R. Schmitz Scherzer, A. Kruse, E. Olbrich, *Altern - Ein lebenslanger Prozeß der sozialen Interaktion*, Steinkopff Verlag, 1990, PP.233-242.

12 H. Thomae, 'Veränderungen der Zeitperspektive im höheren Alter', *Zeitschrift für Gerontologie* 22(1998), PP.58-66. 나이가 들어 가면서 변하는 시간 조망이라는 주제에 관해 또 다른 읽어 볼 만한 책이 있다. H. Kasten, *Wie die Zeit vergeht. Unser Zeitbewusstsein in Alltag und Lebenslauf*, Primus Verlag, 2001.

13 T. C. Vollmer, M. Wittmann, C. Schweiger, W. Hiddemann, 'Preoccupation with death as predictor of psychological distress in patients with haematologic malignancies', *European Journal of Cancer Care 20*(2011), PP.403-411.
14 P. K. Oles, 'Towards a psychological model of midlife crisis', *Psychological Reports 84*(1999), PP.1059-1069.
15 또 다른 요소를 생각해 보자. 삶이 스스로 가속하는 것은 아닐까? 우리가 사는 동안 겪는 여러 사건들, 정치적 변화, 신기술 개발 등은 점점 빨라진다. 이런 관점에서 볼 때 시간도 빨라진다고 느낄 수밖에 없다. 과거에는 20년에 걸쳐 발생했을 문화적 발전이 오늘날에는 단 2년 만에 이루어질 수 있기 때문이다. 하지만 이것 또한 시간이 가속한다고 느껴지는 현상의 일부분만을 설명할 뿐이다. 시간이 느리게 흐른다고 느끼는 감각이나 혹은 그런 경험은 유선 전화가 스마트폰으로 바뀌는 전형적인 기술 발전과는 상관이 없기 때문이다. 우리가 사는 세상을 관찰하다 보면 발달심리학적인 측면을 다수 발견할 수 있다.
16 이 주제에 관한 여러 논쟁 중 이자벨 빙클러Isabell Winkler와 페터 제들마이어Peter Sedlmeier가 2011년에 발행한 온라인 논설이 있다. I. Winkler, P. Sedlmeier, 'Ist das wirklich schon wieder zehn Jahre her? Die Veränderung der Zeitwahrnehmung über die Lebensspanne', In: http://https://de.in-mind.org/, 2/2011.
17 아르민 나세히Armin Nassehi와 게오르크 베버Georg Weber가 이끈 독일 연구 협회DFG의 연구 프로젝트인 '죽음의 모습 - 현대 사회 속 유한성의 구조(1999~2001)'의 연구진이 150명을 인터뷰했다. 이들은 직업상 죽음과 관련이 있거나 없는 사람들이었다. 죽음이라는 주제를 둘러싼 대화의 패턴을 세 가지로 세분화한 결과는 다음 문서에서 찾을 수 있다.
I. Saake, 'Moderne Todessemantiken', In: I. Saake, W. Vogel, *Moderne Mythen der Medizin*, VS Verlag, 2008.
18 오토 랑크는 지크문트 프로이트가 조직한 빈 정신분석학회의 사무관으로 일했다. 칼 구스타프 융Carl Gustav Jung이나 알프레트 아들러Alfred Adler 같은 다른 정신분석학 동료들과 마찬가지로 랑크는 프로이트와 결별했으며 자신만의 독자적인 이론을 발전시켰다. "왜냐하면 인류의 심리학적 세계관은 불멸이기 때문이다."
O. Rank, *Seelenglaube und Psychologie. Eine prinzipielle Untersuchung über Ursprung, Entwicklung und Wesen des Seelischen*, Franz Deuticke Verlag, 1930.
이후 어니스트 베커Ernest Becker가 1970년대에 자신의 저서 《죽음의 부정*The Denial of Death*》에 랑크의 이론을 소개하면서 그의 이론은 대중화되었다. 베커는 사망 2개월 후에 해당 저서로 퓰리처상을 수상했다.
E. Becker, *The Denial of Death*, Free Press, 1973.
베커에 따르면 우리 사회의 진정한 영웅은 개인적인 죽음의 공포를 극복하고 공익을 위해 죽는 이른바 영웅적인 죽음을 맞이한 사람들이다.
19 인간의 행동, 특히 종교적이고 영성적인 행동이 크게 변했다. 교회를 찾는 사람의 수가 대폭 줄어든 것이다. 내세가 있다는 확신이 없다면 그리스도교는 그저 희망을 주는 역할만 할 뿐이다. 많은 이론가들이 교회에 가는 사람이 줄어든 대신 보상 심리로 문화생활에 투자하려는 행동이 늘어났다고 말했다. 사람들이 더 이상 신을 믿지 않는 대신 다른 형태의 초월성을 추구하는 것이다. 예를 들자면 영원히 남는 미술이나 음악 작품이라는 초월성이다. 보리스 그로이스Boris Groys에 따르면 박물관이나 아카이브를 짓는 것은 인간의 죽음을 계속해서 남기려는 시도다. 이에 관해서는 다음 문서를 참조하라.
B. Groys, J. Rack, 'Sorge um die Leiche', *Letter International 50*(2000), PP.117-119.
20 A. Revonsuo, *Inner Presence: Consciousness as a Biological Phenomenon*, MIT Press, 2006.
21 E. Tugendhat, *Über den Tod*, Suhrkamp Verlag, 2006.
22 Seneca, *De brevitate vitae*, AD 49.
23 세네카는 한때 네로 황제의 스승이자 멘토였는데, 이후 네로의 암살을 꾀했다는 의심을 받고 자살했다. 어려서부터 기관지염 등의 지병이 있던 세네카는 숨을 쉴 때마다 삶의 덧없음을 의식할 수밖에 없었고 죽음에 초연한 태도를 보였다. 그는 평온한 죽음을 맞이했을 것이다.

6 자아와 시간

1 이 문제의 답을 이마누엘 칸트Immanuel Kant가 자신의 저서 《순수이성비판*Kritik der reinen Vernunft*》에서 제시했다. 그는 주체란 세상에 속하지 않는 것이라고 주장했다. 주체는 세상을 구성하는 것이지 세상의 일부분이 아니다. 따라서 주체는 초월적이며 그 말은 내부와 외부의 경험을 지각하는 데 필요한 조건이 주체의 안에 존재하며 대상이 되는 세상은 그것으로 파악될 수 있다는 뜻이다. 초월적인 주체의 조건은 모든 경험에 앞선다. 그래서 주체는 경험 가능한 세상의 부분이 아니다.
루트비히 비트겐슈타인의 저서 《논리철학 논고*Tractatus logico-philosophicus*》에도 짤막하지만 의미심장한 부분이 나온다. "주체는 세계에 속하지 않으며 그것은 오히려 세계의 한계다." 비트겐슈타인은 이는 눈(주체)과 시야(눈으로 보는 대상)의 관계와도 같다고 말하며 "시야 속에 있는 어떤 것으로도 그것이 눈에 보인다는 사실을 알 수 없다."라고 덧붙였다.
람베르트 비징은 이렇게 표현했다. "나로부터는 그 어떤 현상적 증거도 찾을 수 없다. 그리고 그것이 요구되는 한 ⋯⋯ 나를 구할 방법이 없다. 자기 인식이란 없다. 자아라는 것이 그 자신에게도 비밀이기 때문이다."
2 L. Wiesing, *Das Mich der Wahrnehmung: Eine Autopsie*, Suhrkamp Verlag, 2009.
3 D. Zahavi, *Subjectivity and Selfhood: Investigating the First-Person Perspective*, MIT Press, 2005.
4 D. Zahavi, 상기 도서, P.126.
5 T. Metzinger, *Der Ego-Tunnel: Eine neue Philosophie des Selbst: Von der Hirnforschung zur Bewusstseinsethik*, Berlin Verlag, 2009.
의식 이론의 중심 개념이기도 한 '자기 모델Self-model'이라는 주제에 관해 철학과 신경과학 등에서 찾은 광범위한 지식을 집약한 책은 다음을 참조하라. T. Metzinger, *Being No One: The Self-Model Theory of Subjectivity*, MIT Press, 2004.
6 이제 문제는 주체성의 개념적인 변화, 즉 '사물'에서 '과정'으로의 변화가 인간의 자아상도 본질적으로 변화시키느냐는 것이다. 어떤 이론이 제기되든 결국 이 생활 세계 속에서 내가 나라는 존재를 느끼는 감각은 지속된다. 내가 르네 데카르트René Descartes의 이론에 따라 의심할 여지가 없는 자아를 믿든 토마스 메칭거의 이론에 따라 뇌의 활동에 따른 자기 모델을 받아들이든 나의 의지와 행동, 불안과 희망은 조금도 변하지 않는다.
7 T. Metzinger, 상기 도서, P.57. 에른스트 푀펠이 이 생각을 발전시켰다. E. Pöppel, *Grenzen des Bewußtseins. Über Wirklichkeit und Welterfahrung*, Deutsche Verlags-Anstalt, 1988.
8 독일의 철학자 프리드리히 빌헬름 폰 셸링Friedrich Wilhelm Joseph Schelling이 주장한 자연 철학을 마르틴 하이데거가 자신의 저서 《형이상학의 근본개념들*Die Grundbegriffe der Metaphysik*》에서 다루었고, 이를 뤼디거 자프란스키Rüdiger Safranski가 일반인들도 이해하기 쉬운 언어로 다시 썼다.
R. Safranski, *Ein Meister aus Deutschland: Heidegger und seine Zeit*, S. Fischer-Verlag, 2009, P.229.
9 러시아의 신경심리학자 알렉산더 루리아Alexander Luria는 뇌의 근본적인 기능은 물론이고 뇌 손상을 입은 다음 발생한 장애까지도 생생하게 보여 주었다.
A. R. Luria, *The Working Brain: An Introduction To Neuropsychology*, Basic Books, 1976.
10 안토니오 다마지오가 이를 주제로 가장 최근 펴낸 책은 다음과 같다. A. Damasio,

Self Comes to Mind: Constructing the Conscious Brain, Pantheon, 2010.
11 A. D. Craig, 'How do you feel? Interoception: the sense of the physiological condition of the body', *Nature Reviews Neuroscience* 3(2002), PP.655-666.
12 이에 관해서는 다음 글을 참조하라. A. D. Craig, 'How do you feel - now? The anterior insula and human awareness', *Nature Reviews Neuroscience* 10(2009), PP.59-68. 다음 글 또한 참조하라. T. Singer, H. D. Critchley, K. Preuschoff, 'A common role of insula in feelings, empathy and uncertainty', *Trends in Cognitive Science* 13(2009), PP.334-340.
13 J. Kiverstein, 'Consciousness, the minimal self and brain', *Psyche* 15(2009), PP.59-74.
14 N. Medford, H. D. Critchley, 'Conjoint activity of anterior insular and anterior cingulate cortex: awareness and response', *Brain Structure and Function* 214(2010), PP.535-549.
15 M. P. Paulus, 'Decision-making dysfunctions in psychiatry - altered homeostatic processing', *Science* 318(2007), PP.602-606.
16 M. P. Paulus, M. B. Stein, 'An insular view of anxiety', *Biological Psychiatry* 60(2006), PP.383-387.
17 A. D. Craig, K. Chen, D. Bandy, E. M. Reiman, 'Thermosensory activation of insular cortex', *Nature Neuroscience* 3(2000), PP.184-190.
18 독일의 생리학자 에밀 뒤부아 레몽Emil Heinrich Du Bois-Reymond이 1872년에 유명한 강연 '자연과학의 한계에 관하여'에서 이 설명적 간극을 언급했다. 이 강연에서 그는 현상적 상태는 원칙적으로 뇌에 관한 신경생물학 지식으로 파악될 수 있는 것이 아니라고 말했다. 독일의 신경생물학자인 한스 플로어Hans Flohr는 뒤부아 레몽의 주장에 관해 논하며 신경생물학이 현상적 의식의 발생을 설명할 수 있다는 점을 보여 주고자 했다.
H. Flohr, 'Die physiologischen Grundlagen des Bewusstseins', In: T. Elbert, N. Birbaumer, *Enzyklopädie der Psychologie. Biologische Grundlagen der Psychologie Bd.6*, Hogrefe Verlag, 2002.
19 J. M. Allman, N. A. Tetreault, A. Y. Hakeem, K. F. Manaye, K. Semendeferi, J. M. Erwin, S. Park, V. Goubert, P. R. Hof, 'The von Economo neurons in frontoinsular and anterior cingulate cortex in great apes and humans', *Brain Structure and Function* 214(2010), PP.495-517.

20 이에 관해서는 피터 투이Peter Toohey가 쓴 책을 추천한다. 투이는 문화-문학적, 심리-신경생물학적인 관점에서 지루함을 연구했고 이를 아주 재미있게 설명했다.
P. Toohey, *Boredom: A Lively History*, Yale University Press, 2011.
21 지루함에는 대단히 실존주의적인 측면이 있다. 지루함은 존재의 시간성을 나타낸다. 자기 자신을 지각하는 시간으로서의 지루함은 존재의 시간성을 지각하는 시간이기도 하다. 모든 존재가 시간의 확장을 느껴야만 지루함이 발생할 수 있는데, 시간의 확장이란 더 넓은 의미에서 삶의 시간성과 유한성이다. 이를 더 깊이 알고 싶은 독자는 마르틴 하이데거의 저서 《존재와 시간*Sein und Zeit*》을 읽어 보면 좋다. 또한 특히 지루함이라는 것에 관해서는 하이데거의 공개 강의록인 《형이상학의 근본개념들》을 참조하라.
22 하이데거는 아우구스티노의 《고백록》을 분석하고 다음과 같이 옮겨 적었다. "나의 영혼, 너의 안에서 나는 시간을 재고, 시간을 재며 너를 잰다. …… 나는 시간을 재며 스스로 자아의 발견을 잰다."
M. Heidegger, *Der Begriff der Zeit*, In: *Martin Heidegger Gesamtausgabe 64*, Vittorio Klostermann, 1924, P.11.
23 프라이부르크 대학 1929/30 겨울 학기의 강연록에 관해서는 다음을 참조하라. M. Heidegger, *Die Grundbegriffe Der Metaphysik: Welt - Endlichkeit - Einsamkeit*, In: *Martin Heidegger Gesamtausgabe 29/30*, Vittorio Klostermann, 1983.
24 M. Heidegger, *Die Grundbegriffe Der Metaphysik: Welt - Endlichkeit - Einsamkeit*, In: *Martin Heidegger Gesamtausgabe 29/30*, Vittorio Klostermann, 1983, P.195.
스위스의 사상가 장 겝제르Jean Gebser 또한 '시간이 없다는 것'에 관해 비슷하게 말했다. "오늘날 많은 사람들이 수백만 번 입에 담는 '시간이 없다'는 말은 대중적인 것이다. 시간은 처음에는 부정적인 형태일지라도, 오늘날 사람들을 가장 많이 선점하는 것이다. 시간이 없다고 말하는 사람들은 자신이 시계 시간을 말한다고 생각한다. 만약 그렇게 말하는 것이 사실은 '나는 영혼이 없다' 혹은 '나는 삶이 없다'고 말하는 것임을 깨닫는다면 그는 얼마나 놀랄까!"
J. Gebser, *Einbruch der Zeit*, Novalis Verlag, 1995.
25 이 주제를 사회학적으로 풀어낸 책은 다음을 참조하라. H. Rosa, *Beschleunigung. Die Veränderung der Zeitstrukturen in der Moderne*, Suhrkamp Verlag, 2005. 이 주제에 관한 철학적 논쟁은 다음 책에 담겨 있다. B. C. Han, *Duft der Zeit: Ein philosophischer Essay zur Kunst des Verweilens*, Transcript Verlag, 2009. 조금 더 대중화된 내용을 읽고 싶다면 다음을 참조하라. K. A. Geissler, *Alles hat seine Zeit, nur ich hab keine: Wege in eine neue*

Zeitkultur, Oekom Verlag, 2011.
26 로자에 따르면(같은 책, P.199) 삶의 속도가 가속화되는 것은 네 가지 영역에서 드러나며 주어진 시간에 하는 활동이나 어떤 일을 겪는 경험이 늘어남으로써 증명된다.
1) 행동의 가속화: 우리는 더 빨리 걷고, 쓰고, 읽고, 말하고, 먹는다.
2) 쉬는 시간의 단축: 커피를 마시며 담소를 나누는 시간이나 저녁에 산책을 가는 시간이 줄어들었다.
3) 멀티태스킹: 우리는 아침을 먹으면서 동시에 뉴스를 보고, 전화 통화를 하고, 이메일을 쓴다.
4) 느린 활동을 더 빠른 활동으로 대체: 요리를 하는 대신 레토르트 식품이나 냉동식품을 구입한다.
27 작가 밀란 쿤데라Milan Kundera는 자신의 저서 《느림*La Lenteur*》에서 이를 다음과 같이 표현했다. "속도는 일종의 황홀경(엑스터시)이다. 이 속도 덕분에 인간은 기술 혁명이라는 선물을 받았다. 그런데 오토바이를 탄 사람과 달리 자신의 두 다리로 달리는 사람은 매 순간 스스로의 몸과 함께하며 자신의 물집과 가쁜 호흡을 생각할 수밖에 없다. 그는 달리면서 자신의 몸무게와 나이를 느끼고, 자기 자신과 삶의 시간을 더 강렬하게 인식한다. 인간이 기계 위에 앉아 속도의 힘을 넘겨받으면, 모든 것이 달라진다. 그 순간부터 자신의 몸은 더 이상 중요하지 않고, 사람은 스스로를 형체가 없으며 비물질적인 속도에 내맡긴 채 온전한 속도, 속도의 황홀경만을 느낄 뿐이다."
M. Kundera, *La Lenteur*, Harper Perennial, 1994.
28 사회적인 가속화와 이런 가속화를 지지하는 사람들에 반대하는 논쟁을 크리스티안 가이어Christian Geyer가 2012년 1월 11일자 〈프랑크푸르터 알게마이네 차이퉁*Frankfurter Allgemeinen Zeitung*〉에 게재했다. 제목은 '감속문화Entschleunigungskultur'다.
29 독일의 물리학자 슈테판 클라인Stefan Klein이 시간 감각과 일하면서 느끼는 스트레스 사이의 관계를 해박한 지식으로 설명했다.
S. Klein, *Zeit: Der Stoff, aus dem das Leben ist. Eine Gebrauchsanleitung*, S. Fischer Verlag, 2006.
30 슈테판 클라인은 앞서 언급한 책의 에필로그에서 시간을 제어하는 방법을 단계적으로 제시했다. 이 단계적 조언은 내가 이 책에 언급한 것보다 더 상세하고 광범위하다. 특히 자유 시간을 축하하고 실컷 맛보는 것, 현재를 경험하는 것, 자신에게 집중하는 법을 배우는 것, 일처리의 우선순위를 정하는 것이 중요하다.

7 시간 감각이 만들어지는 법

1 아리스토텔레스가 《자연학》에서 언급한 시간 개념을 참조하라.
2 C. A. Schulman, M. Richlin, S. Weinstein, 'Hallucinations and disturbances of affect, cognition, and physical state as a function of sensory deprivation', *Perceptual and Motor Skills* 25(1967), PP.1001-1024.
3 A. N. Simmons, M. B. Stein, I. A. Strigo, E. Arce, C. Hitchcock, M. P. Paulus, 'Anxiety positive subjects show altered processing in the anterior insula during anticipation of negative stimuli', *Human Brain Mapping* 32(2011), PP.1836-1846; I. A. Strigo, A. N. Simmons, S. C. Matthews, A. D. Craig, M. P. Paulus, 'Association of major depressive disorder with altered functional brain response during anticipation and processing of heat pain', *Archives of General Psychiatry* 65(2008), PP.1275-1284.
4 R. L. Aupperle, L. Ravindran, D. Tankersley, T. Flagan, N. R. Stein, A. N. Simmons, M. B. Stein, M. P. Paulus, 'Pregabalin influences insula and amygdala activation during anticipation of emotional images', *Neuropsychopharmacology* 36(2011), PP.1466-1477.
  이들 연구진과 긴밀하게 협력한 또 다른 연구자가 바로 피닉스에 있는 버로우 신경질환 연구소의 버드 크레이그다. 크레이그는 신경생물학적인 근거를 바탕으로 신체 지각에 관해 오늘날 통용되는 관점에 결정적인 영향을 미쳤다. 내가 캘리포니아 대학교에서 fMRI 기술을 활용해 시간 지각을 연구했을 때 크레이그는 그의 해부학적 지식과 뇌섬엽의 기능을 기반으로 시간 지각에 관한 새로운 이론을 세웠다.
  A. D. Craig, 'Interoception and emotion: a neuroanatomical perspective', In: M. Lewis, J. M. Haviland-Jones, L. F. Barrett, *Handbook of emotion third edition*, Guilford, PP.272-288, 2008; A. D. Craig, 'How do you feel - now? The anterior insula and human awareness', *Nature Reviews Neuroscience* 10(2009), PP.59-68.
5 이 실험을 자세히 설명하자면 수많은 개념을 고려해야 하는데, 지면 관계상 생략하도록 한다. 다만 이 과제가 어떻게 구성되었는지 간단하게 설명하겠다. 실험 참가자들이 숫자를 세어 시간을 추측하지 않도록 하기 위해서, 시간 지각 과제를 진행하면서 두 번째 과제를 제시하였다. 실험 참가자들은 모든 과정이 시작될 때마다 네 개의 숫자를 보고 외워야 했다.
  그런 다음 제시된 소리를 들었다. 참가자들이 버튼을 눌러 소리의 지속 시간을 추측해 다시 표현한 다음에는 또 다른 숫자가 제시되었다. 참가자들은 그 숫자가 실험이 시작될 때 제시되었던 숫자와 일치하는지 또다시 버튼을 눌러 표현해야 했다. 이것은 시간 지각 능력을 침해하지 않으면서 참가자들이 적극적으로 숫자를 세어 시간을 측정하지 않도록 하는 방법이었다.

fMRI를 활용해 뇌 활동을 간접적으로 측정할 때는 또 다른 도전 과제가 연구진을 기다리고 있었다. 실험 참가자가 어떤 과제를 수행할 때 측정되는 뇌 활동은 제어군 과제, 즉 기준이 되는 과제를 수행할 때의 뇌 활동과 대조되어야 한다. 제어군이 있어야 시간 관련 과제를 수행할 때의 뇌 활동을 해석할 수 있는 것이다. 그래서 기준 과제가 만들어졌다. 실험 참가자들에게 시간 지속을 버튼을 눌러 다시 표현해 내는 과제를 수행할 때 들었던 소리의 지속 시간과 똑같은 길이의 소리를 제시하는 것이었다. 다만 이번에는 참가자들에게 소리가 끝나자마자 버튼을 누르라고 지시했다. 이 과제를 수행할 때도 참가자들은 숫자를 기억하는 과제를 할 때와 마찬가지로 집중해야 했고 버튼을 누른다는 행동을 해야 했다.

기준 과제에는 시간 지각에 이르기까지 시간 지각 실험의 수많은 측면이 포함된다. 그 논리는 다음과 같다. 기준 과제를 수행할 때와 달리 시간 지각 과제를 수행할 때 활동성이 높아지는 뇌 부위가 있다면, 그 부위가 시간 지각에 관여한다고 볼 수 있는 것이다. 이 연구의 다른 수많은 기술적, 그리고 개념적 요소를 알아보려면 다음을 참조하라.

M. Wittmann, A. N. Simmons, J. Aron, M. P. Paulus, 'Accumulation of neural activity in the posterior insula encodes the passage of time'. *Neuropsychologia 48*(2010), PP.3110-3120. 이 과제에 필요한 개념을 설정하고 과제를 설정하는 데 지대한 도움을 준 야 후란과 앨런 시몬스에게 감사한다.

6 버튼을 눌러 지속 시간을 다시 만들어 내는 과정에서 비교 자극이 주어졌을 때 뇌섬엽 상부는 물론이고 전두엽 아래쪽 나선과 중심고랑에서 비슷하게 활동이 증가했다. 이 활동은 지속 시간을 다시 표현하는 버튼을 누르기 직전에 정점에 달했다. 기준 자극이 주어지는 동안에 뇌섬엽 하부에서 발생했던 활동이 비교 자극이 주어지는 동안에 뇌섬엽 상부로 이동한 것은 다음과 같이 해석할 수 있다.

기준 자극이 주어질 때는 우선 지속 시간의 표상이 만들어진다. 비교 자극이 주어질 때는 일종의 메타표상이 만들어져야 한다. 이것은 처음에 들었던 소리의 지속 시간을 방금 들은 소리의 지속 시간과 비교하는 것이다. 버드 크레이그에 따르면 뇌섬엽 상부는 메타표상을 융합하고 창조해 내는 데 관여한다.

7 엄밀히 말하자면 이것은 18초를 초과하는 시간 간격이 9초를 초과하는 시간 간격보다 더 많은 활동을 모으지 못한다는 뜻이다. 그러므로 뇌섬엽이 아마 신체 신호 중

단 한 가지 변화만 기록한 것이 아니냐는 비판적인 인식이 가능하다.

아리스토텔레스의 시각에서 보자면 뇌섬엽은 시간 흐름에 따른 변화를 감지하는 역할만 할 뿐 시간 지속을 정확히 측정하는 데 반드시 관여하는 것은 아닐 것이다. 한 가지 해결책은, 뇌섬엽의 각기 다른 부위가 각기 다른 시간 지속을 담당한다고 가정하는 것이다. 말하자면 9초 간격의 활동을 지각하는 부위와 18초 간격의 활동을 지각하는 부위가 다르다는 것이다.

8   A. D. Craig, 'Emotional moments across time: a possible neural basis for time perception in the anterior insula', *Philosophical Transactions of the Royal Society B 364*(2009), PP.1933-1942. 메타분석을 포괄한 연구 결과는 다음을 참조하라. P. A. Lewis, R. C. Miall, 'Distinct systems for automatic and cognitively controlled time measurement: evidence from neuroimaging', *Current Opinion in Neurobiology 13*(2003), PP.250-255; M. Wiener, P. Turkeltaub, H. B. Coslett, 'The image of time: a voxel-wise meta-analysis', *NeuroImage 49*(2010), PP.1728-1740.

9   동물을 대상으로 한 실험 결과를 자세히 알고 싶다면 다음을 참조하라. M. A. Lebedev, J. E. O'Doherty, M. A. L. Nicolelis, 'Decoding of temporal intervals from cortical ensemble activity', *Journal of Neurophysiology 99*(2008), PP.166-186; D. Durstewitz, 'Neural representation of interval time', *Neuroreport 15*(2004), PP.745-749.

10 K. Meissner, M. Wittmann, 'Body signals, cardiac awareness, and the perception of time', *Biological Psychology 86*(2011), PP.289-297.

11 O. Pollatos, B. M. Herbert, C. Kaufmann, D. P. Auer, R. Schandry, 'Interoceptive awareness, anxiety and cardiovascular reactivity to isometric exercise', *International Journal of Psychophysiology 65*(2007), PP.167-173.

12 M. Guyau, *La genèse de l'idée de temps*, Félix Alcan, 1890.

13 A. Bobin-Bégue, J. Provasi, A. Marks, V. Pouthas, 'Influence of auditory tempo on the endogenous rhythm of non-nutritive sucking', *European Revue of Applied Psychology 56*(2006), PP.239-245.

14 H. D. Critchley, S. Wiens, P. Rotshtein, A. Öhman, R. J. Dolan, 'Neural systems supporting interoceptive awareness', *Nature Neuroscience 7*(2004), PP.189-195.

15 H. Ackermann, A. Riecker, K. Mathiak, M. Erb, W. Grodd, D. Wildgruber, 'Rate-dependent activation of a prefrontal-insular-cerebellar network during passive listening to trains of click stimuli: an fMRI study', *Neuroreport 12*(2001), PP.4087-

4092.
16 P. Hartocollis, *Time and Timelessness or the Varieties of Temporal Experience (A Psychoanalytic Inquiry)*, International University Press, 1982.
17 이 연구에 관한 내용은 다음에서 찾을 수 있다. M. Wittmann, 'The inner sense of time', *Philosophical Transactions of the Royal Society B 364*(2009), PP.1955-1967.
18 F. N. Watts, R. Sharrock, 'Fear and time estimation', *Perception and Motor Skills 59*(1984), PP.597-598.
19 L. A. Campbell, R. A. Bryant, 'How time flies: A study of novice skydivers', *Behaviour Research and Therapy 45*(2007), PP.1389-1392.
20 J. M. Twenge, K. R. Catanese, R. F. Baumeister, 'Social exclusion and the deconstructed state: Time perception, meaninglessness, lethargy, lack of emotion, and self-awareness', *Journal of Personality and Social Psychology 85*(2003), PP.409-423.
21 명상할 때의 모습을 fMRI로 촬영한 실험 결과, 명상을 하는 동안에는 신체 존재의 인식과 관련된 뇌 부위인 대뇌섬 피질이 활발해졌다.
    N. A. S. Farb, Z. V. Segal, H. Mayberg, J. Bean, D. McKeon, Z. Fatima, A. K. Anderson, 'Attending to the present: mindfulness meditation reveals distinct neural modes of self-reference', *Social Cognitive and Affective Neuroscience 2*(2007), PP.313-322.
22 뉴욕 현대 미술관의 홈페이지에서 당시의 전시 모습을 찾을 수 있다.
    'The artist is present'
    https://www.moma.org/calendar/exhibitions/964